붉은 여왕 전략

무엇이 JTBC 뉴스룸을 특별하게 만드는가

●
●

이무원·김필규 지음
폴인 엮음

시장에서 먹히는 '전통적 저널리즘'

짧은 시간에 최대한의 성과를 낸다는 말을 믿지 않았다. 그러기 위해 치러야 하는 희생이 그에 비례해서 클 것이라는 걱정이 앞섰기 때문이다. 그리고 지금도 그 생각은 크게 바뀌지 않았다.

이 책의 내용은 그러나 희생을 최소화하면서도 짧은 시간에 최대한의 성과를 낼 수도 있다는 가능성을 말하고 있다. 그래서 개인적으로도 더 관심을 가지고 들여다볼 수밖에 없었다. 그것이 붉은 여왕의 전략이든, 또 다른 무엇이든 우리는 기존의 시장에서 경쟁자들과 부딪혀왔고, 그렇게 하다 보니 짧은 시간 내에 이만큼 와 있다는 것, 그리고 하나하나 세어보니 부상자는 좀 있었지만 중상자는 없더라는 것. 이것이 지금 할 수 있는 얘기의 전부다.

6년 전에 JTBC로 와서 얼마 되지 않았을 때, 기자들과의 샌드위치 미팅(한 달에 두어 번 점심때 그냥 격의 없이 모이기로 했고 지금도 이어져 오고 있다)에서 했던 말을 기억한다. "여기 와서보니 당신들은 정말 대단하다. 이렇게 인력도 모자라고 예산도 모자라고 장비도 없는데…. 그렇게 보면 내가 얼마 전까지 일했던 방송사는 정말 젖과 꿀이 흐르는 회사다." 그것은 진심이었다. 말이 방송사였지 중계차 한 대도 변변한 게 없었고, 기자는 늘 모자랐으며, 해외 출장을 한 번 보내려 해도 예산 사정을 눈치 보며 물어야 했다.

틈새 전략이든 우회 전략이든 우리는 뭔가 방법을 생각해야 했다. 그리고 중지를 모은 끝에 생각해낸 것은 그냥 정공법으로 가자는 것이었다. '한 걸음 더 들어간다'는 캐치프레이즈는 그래서 탄생한 것이다. 적은 인원에 '한 걸음 더 들어가기' 위해서는 흔한 말로 선택과 집중이 필요했다. 메인뉴스는 종합뉴스였지만, 우리는 모든 걸 다 다루지 않기로 했다. 이미 시청자들은 하루 종일 거의 모든 뉴스를 소비한 마당에 저녁때 그 뉴스를 전부 다루는 것도 무의미해 보였다.

또 한 가지는 그것이 중요한 이슈라면 끝까지 지켜내 보자는 것이었다. 한 차례 파도처럼 이슈가 몰려왔다가 쓸려가

듯 사라지는 것이라면 우리는 한 걸음 더 들어갈 필요도 없었고, 그냥 그 파도만 타면 될 일이었지만, 그것은 우리가 생각하는 정공법은 아니었다. 그래서 이른바 '어젠다 키핑'이란 개념을 만들어내고 도입한 것이었다. 단, 그 전제는 뉴스에 제약이 없어야 한다는 것이었다. 만일 취재에 있어서 어떤 형태로든 제약을 보도국에 가했더라면 그 어떤 기회나 경쟁력도 생기지 않았을 것이다. 예를 들면 '태블릿PC'를 보도할 기회도 우리에게 오지 않았을 것이다. 즉, 정공법의 전제는 보도의 독립성이었다.

솔직히 보도를 다루는 데 있어서 경영학적 접근은 적어도 내게는 생소하다. 전통적 의미에서의 저널리즘만 머릿속에 들어가 있는 '오래된 저널리스트'의 입장에선 대부분의 경우 보도와 경영은 대척점에 있기 때문이다. 그러나 냉정하게 생각해 보면 JTBC는 전통적 저널리즘의 추구가 시장에서도 통한다는 것을 어느 정도 증명한 특이한 사례이기도 하다. 책의 중간중간에 본인이 자주 등장하는 바람에 이렇게 추천사를 겸한 서문을 쓰고 있는 게 좀 민망하기도 하지만… 어찌됐든 JTBC의 이런 드문 사례는 분명히 짚어볼 만하다.

그러나 이것은 중간 평가다.

JTBC의 실험과 도전은 아직 진행형이므로….

2019년 여름,

손석희 JTBC 대표이사 사장

개인과 조직의 성장을 위한
용기의 전략서

'용기'와 '가능성'. 〈붉은 여왕 전략〉은 이 두 가지 키워드로 요약하고 싶다. 이 글의 편집을 처음 맡았을 때는 '붉은 여왕'이라는 신선한 키워드, 언론사를 '경영 전략'으로 분석했다는 독특한 관점에 매료됐다. 기업이나 조직을 운영하는 이들에게 현실적으로 도움을 주는 글이 될 거라 생각했다. 그런데 책으로 다시 만난 이 콘텐츠가 방황하는 개인에게 성장의 동기와 무기를 쥐어 준다는 것을 깨달았다.

'나는 안 될 거야'라며 두려워했던 순간, 내 옆을 달리고 있는 다른 사람의 노력과 성과는 멋져 보이지만, 나는 항상 제자리를 걷는 것만 같은 느낌. 하고 싶은 것에 비해 그것을 실현할 수 있는 시간과 자원은 항상 부족한 기분. 시작할 땐 이미 늦은 것 같은 마음.

'붉은 여왕 전략'은 그런 개인에게도 다시금 용기와 가능

7

성을 상기시키는 전략이다. 내가 누구인지, 무엇을 원하는지 정체성을 끊임없이 고민하며, 빠르게 움직이는 세상에 스스로를 내던지는 용기. 성공적인 인생을 만드는 지름길을 찾기보다 오늘 내가 서 있는 이 자리에 닥친 도전을 정면으로 마주하는 것이 나를 성장하게 할 거란 가능성에 대한 신뢰. 이것이 더 나은 나를 만들 거란 사실을 이 글은 '붉은 여왕 전략'을 택한 JTBC의 성장 과정을 통해 시사한다.

조직의 성장은 한 개인의 성장과도 닮은 구석이 많다. 다양한 개인이 모여 공동의 꿈을 실현하기 위해 노력하는 곳이 조직이기 때문이다. 이 책은 조직이 마치 살아있는 생명처럼 성장하고 좌절하며 다시 일어서는 과정을 보여준다.

편집 초기, 이 글을 가장 전하고 싶었던 독자는 레드오션에서 성장해야 하는 조직을 운영하는 사람들이었다. 그들이 레드오션이라는 상황에 좌절하기보다 자신의 정체성을 더욱 분명히 하고, 시장과 정면승부할 '붉은 여왕 전략'이라는 무기를 얻길 바랐다. 그런데 이제 이 글을 가장 전하고 싶은 사람은 매일 새로운 도전을 마주하는 내 동료와 친구들, 그리고 오늘도 성장을 꿈꾸며 분투하는 개개인들이다.

쉽게 가기보다 올바르게 가려는 길이 너무 더디게 느껴지더라도 오늘 당신이 걷는 길이 틀리지 않았다고, 지금처럼 세상과 정면승부하라고, 우리는 더 나아질 거라고. 이 글을 읽는 이들에게 말해주고 싶다.

노희선 폴인 에디터

차례

추천의 글   3

시장에서 먹히는 '전통적 저널리즘'

fol:in editor's note   7

개인과 조직의 성장을 위한 용기의 전략서

Prologue   14

레드오션의 사양길에서 브랜드를
키워야 하는 당신에게

01

레드오션에서 경쟁하며 살아남기

붉은 여왕 전략   28
시장이 아니라 '정체성'이 문제   34
붉은 여왕 전략의 승리   45
과연 모두를 위한 전략일까   58

가치에서 출발하는 브랜딩의 힘

4가지 핵심 가치와 실행력   70

핵심 가치에 부합하는 리더   75

핵심 가치를 시스템처럼   85

핵심 가치의 정당성 확보   94

모두를 위한 조직이란

스타 언론인 손석희, 리더 손석희   104

리더십은 조직에 어떤 영향을 미치나   109

효율성 높은 위임의 리더십   117

함께 성장하는 강력한 조직의 탄생   127

직원을 브랜딩하라   140

인재가 전부다

새로운 시도는 어디에서 오는가   **150**

'아웃사이더'라는 인재들   **156**

애플이 철학자를 고용한 이유   **166**

아웃사이더를 어떻게 활용할 것인가   **173**

미래의 저널리즘 브랜딩

브랜드 인지도는 어떻게 변하는가   **182**

정보 과잉의 시대,   **185**
사람들이 뉴스를 보는 이유

디지털 시대, 뉴스의 미래는 무엇인가   **192**

Epilogue   **196**

다시, 레드오션에서
브랜드를 키워야 하는 당신에게

부록   **201**

JTBC의 탄생
스탠퍼드 경영대학원 JTBC 케이스 스터디(발췌)

레드오션의 사양길에서 브랜드를 키워야 하는 당신에게

"많은 기업이 디지털 트랜스포메이션

시대에 살아남을 고민을 하죠.

그 고민은 사실 자신들의 상품과 서비스를

재정의하는 데서 출발해야 합니다."

_이무원 연세대 교수

이것은 개국 7년 동안 발버둥 치며 성장한 한 방송국의 뉴스룸에 대한 이야기이지만, 동시에 당신이 속한 조직에도 적용되는 이야기일 것이라고 믿습니다. 어느 조직이나 독보적인 브랜드를 원합니다. 남들과는 다른 시장을 찾아내 틈새를 파고들어 충성 고객을 확보하고 싶어 하지요. 하지만 대부분의 시장에서 경쟁은 너무 치열합니다. 남과 다른 전략을 찾기란 쉽지 않습니다.

2011년 개국한 JTBC가 처한 환경도 그랬습니다. 방송 산업은 '이미 레드오션의 사양길'이라는 평가를 받고 있었습니다. 그런 상황에서 4개의 종합편성채널이 동시에 문을 열었습니다. "잘될 리가 없다"는 시선이 일반적이었지요. 이런 시선을 딛고 JTBC는 7년 만에 신뢰도·영향력 1위의 방송국이 됐습니다. 우리는 JTBC 뉴스룸을 통해 자신의 남다름을 증명하는 본질적 전략에 대해 이야기하고 싶습니다.

"답이 없다"는 시장에서 성장하는 것이 가능한지, "너희는 누구냐"는 차가운 시선을 어떻게 버텨냈는지, "살아남고 보자"는 동동거림을 잠시 멈추고 본질을 점검하는 마음가짐과 "너희도 똑같을 것"이라는 냉소를 이기고 독자적인 방향을 설정하는 방법을 들려주려 합니다.

이 이야기는 이무원 연세대 경영대 교수와 김필규 JTBC 주말 뉴스룸 앵커가 함께 나눈 대화를 바탕으로 작성됐습니다. JTBC 뉴스룸이 어떻게 단기간에 지금의 브랜드를 구축했는지에 대한 분석입니다. 개국 이후 쭉 JTBC 뉴스룸의 성장 과정을 지켜본 김필규 앵커는 그동안 고군분투한 조직과 구성원의 이야기를 털어놓았습니다. JTBC를 주제로 8개월의 연구를 진행해 스탠퍼드대 케이스 스터디 교재를 집필한 이무원 교수는 이런 노력이 시장에서 받아들여진 이유를 경영학적으로 분석했습니다.

김필규를 만나다

콘텐츠 업계에서 JTBC는 일시적 신드롬을 넘어 롤 모델로 부상하고 있었습니다. 소비재 업계에서도 브랜드 전략을 벤치마킹한다는 이야기까지 나올 정도였습니다.

폴인은 주말 뉴스룸 앵커를 맡고 있는 김필규 기자를 상암동 사무실에서 만나 "JTBC에 대한 이야기를 해 보자"고 제안했습니다.

중앙그룹의 기자 중에서 김필규 앵커만큼 JTBC의 역사를 잘 아는 이는 몇 되지 않을 것입니다. 그는 2009년 JTBC 설립 자본금을 모으기 위해 투자자를 유치하는 '컨소시엄팀'

에 뛰어들었습니다. JTBC의 비전을 소개하고 투자 유치를 설득하는 과정에 직접 참여한 거지요. 이후 자연스럽게 개국 준비위원회에 합류했고, 2011년 개국 시점부터 보도국 기자로 활동했습니다.

김필규 앵커는 "좋다"고 말했습니다. JTBC가 성장하는 과정에 대한 기록을 한 번쯤 남겨보고 싶었다는 것이었습니다. 어떤 내용을 연재해야 할지에 대해 몇 차례 기획 문서가 오가며 점차 방향이 분명해졌습니다. 우리는 몇 가지 원칙을 세웠습니다.

첫째, 김필규 앵커가 잘 모르는 보도국 바깥의 이야기는 연재하지 않기로 했습니다. 김필규 앵커가 예능과 드라마를 키워온 핵심 인물들을 인터뷰하는 형식도 고민해 봤지만, 그 경우는 전달자가 꼭 김필규 앵커일 필요가 없었지요. JTBC 전체가 아닌, JTBC 뉴스룸의 성장 이야기를 쓰기로 한 것입니다.

둘째, 저널리즘적 시각이 아닌 비즈니스적 시각에서 JTBC 뉴스룸의 성장을 짚어보기로 했습니다. 언론계에서

JTBC가 차지하고 있는 영향력을 분석한 콘텐츠는 적지 않습니다. JTBC 뉴스룸이 아니라 어떤 언론이라도, 저널리즘적 평가는 정치적 입장에 따라 극명하게 갈리기 마련입니다. 더욱이 JTBC 내부인이 JTBC 뉴스룸에 대해 저널리즘적 분석을 진행한다는 것 자체가 어색하다는 데 의견을 모았습니다. 마침 김필규 앵커는 중앙일보 경제부·산업부 취재 경력이 길었습니다. 산업부에서 근무하다 1년 휴직계를 내고 경영전문대학원(MBA) 과정을 밟기도 했지요.

셋째, 그럼에도 김필규 앵커 혼자의 목소리로만 정리해선 안 된다고 생각했습니다. 보다 객관적이고 전문적인 분석을 진행해 줄 외부인이 필요했습니다. 누구보다 김필규 앵커가 그걸 원했습니다. 본인은 큰 틀의 키워드에 따라 현장의 생생한 이야기를 들려주는 쪽에 머물고 싶다는 것이었습니다. 문제는 JTBC를 충분히 이해하고 있는, 객관적 시각을 갖춘 전문가를 찾는 것이었습니다.

이무원을 만나다

고민을 하고 있을 때 연세대 경영대학에서 JTBC 케이스 스터디를 진행하고 있다는 소식을 들었습니다. 스탠퍼드 경영대학원 케이스 스터디 교재를 만들기 위한 공동 연구 프로젝트라는 것이었지요.

프로젝트를 진행하고 있는 이무원 교수에게 바로 전화를 걸었습니다. 폴인을 간단히 소개하고 김필규 앵커와의 공동 작업을 제안했습니다. 통화를 시작한 지 3분이나 됐을까요. 이무원 교수는 전화기 너머로 시원시원하게 답했습니다. "좋습니다. 같이 합시다." 김필규 앵커와 함께 뉴스룸을 분석할 수 있다면 케이스 스터디 집필에도 도움이 될 것 같다는 것이었습니다. 2개월 정도 지속된 고민이 명쾌하게 해결되는 순간이었습니다.

첫 만남에서 이무원 교수는 JTBC 뉴스룸의 애청자라고 '고백'했습니다. 그는 스탠퍼드 경영대학원에서 박사 학위를 취득한 뒤 하와이 대학에서 석좌교수를 지냈습니다. 연세대 경영대학 최초의 석학 교수로 임명되어 한국에 돌아온 것이 2013년, 16년의 미국 생활 후였습니다. 처음 한국에 돌아와 방송 뉴스를 보며 "뭔가 이상하다"는 느낌을 받았다고 합니다.

"굉장히 경직돼 있다고 느꼈어요. 앵커를 포함해서 기자들이 너무 딱딱하게 말을 하는 게 이상해 보였죠. 우리가 북한 뉴스를 보면 이상하게 느껴지는 것처럼요. 그리고 모든 뉴스가 비슷하다는 느낌이었어요. 미국은 뉴스를 보면 그 방송국의 정체성(Indentity)이 보이거든요. '이 조직은 이 사건을 이렇게 프레이밍(Framing)하는구나, 역시' 하는 식이죠. 그런데 한국의 뉴스는 대부분의 방송국이 고유의 논조가 보이지 않았어요. 여기든 저기든 비슷한 뉴스를 내보냈거든요."

그중 새롭게 느껴졌던 뉴스가 JTBC였다고 합니다. 특히 세월호 사건 당시 1년 가까이 담론을 이끌어가는 것이 인상적이었다고 말했습니다.

"사건을 따라가는 게 아니라 담론의 방향을 제시하는구나 하고 생각했죠. 1시간 넘게 뉴스를 진행하면서 JTBC는 어떤 이슈를 중시하는지 확실하게 드러내는 것도 달라보였고요."

하지만 시간이 갈수록 경영학자로서 JTBC에 관심을 가지게 됐다고 합니다. 조직의 전략이 궁금해진 것이죠.

"종합편성채널들이 시장에서 두각을 나타내기가 어려운 상황이었거든요. 한꺼번에 4개 사업자가 뛰어들었으니 경쟁이 너무 치열한 거죠. 그 와중에 JTBC만 잘되는 게 신기했죠."

붉은 여왕(Red Queen) 이론을 적용하면 잘 설명되겠다는 가설이 처음부터 떠올랐다고 합니다. 레드퀸 이론을 창안한 윌리엄 바넷 스탠퍼드 경영대학원 교수와 공동 연구를 진행한 것도 같은 이유였습니다.

폴인 프로젝트가 스탠퍼드 경영대학원 케이스 스터디에도 큰 도움이 됐다고 이무원 교수는 말합니다.

"조직 구성원을 심층 인터뷰하더라도 한계를 느낄 때가 있거든요. 연구 대상이라고 생각하기 때문에 편안한 분위기에서 생생한 이야기를 듣기는 어렵죠. 김필규 앵커와 여러 차례 깊은 대화를 나누면서 JTBC의 조직 문화와 전략을 이해하는 데 큰 도움이 됐습니다."

현재를 '재정의'하고 성장의 가능성을 높여라

김필규 앵커는 본 콘텐츠의 기획 초기부터 뚜렷한 목표가 있었습니다.

"개국 초기에 우리가 얼마나 힘들었는지 지금도 생생하게 기억하고 있어요. 그리고 주변을 돌아보면 비슷한 환경에 처한 조직이 너무 많아요. 이미 경쟁이 치열한 레드오션 속에서 새로운 사업을 시작하는 조직들이죠. 그 사람들에게 용기와 배움을 줄 수 있는 콘텐츠라면 좋을 것 같아요."

이무원 교수는 동의했습니다. 그는 두 가지 상황에 처한 기업들에게 의미 있는 메시지를 전달하고 싶어 했습니다. 치열한 경쟁에 내몰린 상황이거나, 혁신을 통해 한 단계 올라서야 하는 상황. 이무원 교수는 독자들이 자기 조직이 속한 산업을 재정의(Redefining)하길 원한다고 말했습니다.

"많은 기업이 디지털 트랜스포메이션 시대에 살아남을 고민을 하죠. 그 고민은 사실 자신들의 상품과 서비스를 재정의하는 데서 출발해야 합니다. JTBC는 새로운 경쟁 환경에 대

처하기 위해 독특하고 혁신적인 재정의 작업을 거쳤다고 생
각해요.”

　　이무원 교수는 자동차 산업을 예로 들었습니다. 오늘날
자동차 산업의 범주는 급격하게 변하고 있고, 자동차 회사의
정의도 복잡해졌습니다.

“최근에 스탠퍼드 대학 옆 팔로알토 시에서 초등학교 1학년
을 대상으로 설문 조사를 했대요. ‘미래에 넌 무슨 차를 타고
싶니’ 하고 물었더니 벤츠와 BMW는 4등과 5등에 머물렀고,
3등은 테슬라, 2등은 애플, 1등은 구글이 차지했어요. 지금
은 양산차를 만들지도 않는 회사들이 최고의 자동차 회사로
꼽힌 거죠.”

　　두 사람에게 이 콘텐츠를 통해 가장 던지고 싶은 키워
드는 무엇이냐고 물었습니다. 김필규 앵커는 ‘용기’를 꼽으며
JTBC 개국 초기를 돌아봤습니다.

"투자 유치 작업에 참여한 때부터 방송국을 개국할 때까지, 하루도 회의적인 얘기를 들어보지 않은 적이 없어요. 만나는 사람마다 '디지털 시대에 방송을 열어 뭐하려고 그러느냐' '신문만 하면 천천히 망하고 방송까지 하면 빨리 망하는 것' 이라고도 했어요. 개국을 하고도 마찬가지였어요. 취재 현장에 나가면 'JTBC가 뭐냐' 하는 차가운 시선을 늘 받았어요. 뉴스를 끝내고 나면 어깨가 축 처져 있는 후배들이 많았죠. 오늘은 어렵지만 내일이면 나아질 것이라고 생각하기도 쉽지 않았고요. 당시 JTBC는 장비도 기자 수도 부족했어요. 개국 첫날 생방송이 제대로 나갈 수 있겠느냐는 걱정 때문에 방송이 끊어지면 내보내려고 〈동물의 왕국〉 다큐멘터리를 준비했을 정도니까요. 이렇게 어려운 상황에서 방송국을 열고 목표를 향해 달려가면서 보도국과 회사, 언론의 지형이 변하는 것을 관찰했습니다. 새로운 사업에 도전하는 많은 분들이 JTBC의 초창기 모습에서 용기를 발견할 수 있다면 정말 좋겠어요."

이무원 교수는 '가능성'을 이야기했습니다.

"구글이나 애플, 아마존같이 힘 있는 브랜드가 우리나라에
는 별로 없죠. 하지만 짧은 시간에 가치를 기반으로 힘 있는
브랜드를 만들어가는 모습을 JTBC는 충분히 보여 줬다고
생각합니다. 특히 JTBC 뉴스룸을 통해 뉴스의 대명사, 뉴스
의 롤 모델로 성장할 수 있었던 원동력에 대한 이야기는 자신
만의 강한 브랜드를 구축하고 싶은 모든 기업에 의미 있는 작
업이 될 겁니다."

이제, JTBC 뉴스룸의 성장 이야기가 시작됩니다.

01

레드오션에서
경쟁하며
살아남기

붉은 여왕 전략

"우리는 지상파 뉴스도 아니고
종편 뉴스도 아니고 JTBC 뉴스다."
_손석희 JTBC 대표이사 사장

"신문사가 종편 사업에 안 뛰어들면 천천히 망하지만, 뛰어들면 빨리 망할 것이다."

　　여기저기 비관적인 전망뿐이었다. 신문사에는 새로운 시장이겠지만, 이미 방송은 레드오션이라는 우려 섞인 조언이 곳곳에서 들려왔다. 신문사와 방송사를 겸영할 수 있게 하는 것이 불공정하다는 비판 여론도 만만치 않았다. 2010년 말, 종합편성채널 사업자 선정 이슈가 대한민국을 뒤덮었을 때의 분위기다.

　　그 누구도 종편이 성공하리라 생각하지 않았다. 지상파들의 아성은 강했고, 방송 시장이 과포화 상태라는 건 분명해 보였다. 기존 방송·광고 사업자들도 종편의 등장에 긴장하지 않는 분위기였다. 단지 인터넷과 모바일 때문에 규모가

축소되고 있는 광고 시장에 또 하나의 귀찮은 존재가 등장한 것쯤으로 여겼다. 모바일 시대가 열리는 가운데 올드미디어인 방송 사업에 뛰어드는 것은 부적절한 선택이라고 주장하는 전문가도 많았다.

이러한 비관적인 전망이 가득한 가운데, JTBC를 포함한 4개의 종편 채널은 2011년 12월 1일 일제히 방송을 시작했다. 이미 경제·뉴스 채널을 운영해온 노하우가 있던 MBN은 0시부터, 다른 3사는 오후 4시부터 프로그램을 송출했고, 오후 5시 40분부터는 4개사가 공동으로 화려한 개국 축하쇼를 선보이기도 했다.

하지만 개국 이후 분위기는 그다지 화려하지 않았다. 18대 대통령 선거라는 '대선 특수' 덕분에 시청률이 단기간에 상승한 채널도 있었지만 개국 1년 후 평가에서 종편 4개국 모두 평균 시청률이 0.5% 안팎에 그쳤다. 유명 연예인과 자극적인 주제를 내세워 드라마와 예능을 만들려는 시도도 있었지만, 결국 대부분의 종편 채널은 비용 지출을 최소화하는 방향으로 선회했다. 비교적 제작비가 적게 드는 뉴스 및 시사보도 프로그램에 집중하면서 적자를 최소화하는 전략을 택했다.

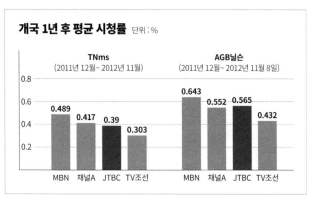

개국 1년 후 평균 시청률 단위 : %

TNms
(2011년 12월~ 2012년 11월)

AGB닐슨
(2011년 12월~ 2012년 11월 8일)

	MBN	채널A	JTBC	TV조선
TNms	0.489	0.417	0.39	0.303
AGB닐슨	0.643	0.552	0.565	0.432

출처 : TNms, AGB닐슨미디어리서치

결국 종편 사업자 최초로 자체 제작 프로그램을 론칭한다고 홍보하던 MBN은 개국한 지 1년도 채 안 된 시점에 사실상 보도 전문 채널로 돌아선 모습을 보였고, 채널A와 TV조선 또한 보도 프로그램 편성 비중이 40%를 넘었다. 사실상 '종합편성채널'이라는 말이 무색해졌다는 평가가 나올 정도였다.

3개 채널이 뉴스 및 시사·교양 프로그램에 집중하면서, 기존의 지상파 뉴스보다 더욱 자극적인 소재와 인물이 등장해 뉴스 및 시사보도 프로그램을 예능화하는 '뉴스쇼' 경쟁

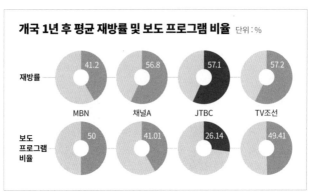

개국 1년 후 평균 재방률 및 보도 프로그램 비율 단위 : %

	MBN	채널A	JTBC	TV조선
재방률	41.2	56.8	57.1	57.2
보도 프로그램 비율	50	41.01	26.14	49.41

출처 : 방송통신위원회(2011년 12월~2012년 9월), PD저널(2012년 11월 12~18일)

이 가속화됐다. 뉴스쇼에 등장하는 인물들의 목소리는 더욱 커졌고, '막말' 경쟁도 격하게 일었다. 대선 특수로 견인한 시청률을 안정적으로 확보하고 기존 지상파가 하지 않던 '낮 뉴스'라는 블루오션을 개척하려는 각 채널의 노력이 빚어낸 결과였다.

그러나 JTBC는 조금 다른 선택을 했다. 그리고 2018년 지금, 시청자는 JTBC의 간판 프로그램인 '뉴스룸'을 '신뢰'한다. 가장 영향력 있는 언론 매체 1위, 가장 신뢰할 수 있는 언론 매체 1위, 가장 열독하는 언론 매체 2위. 2018년 시사저널의 조사 결과로 나타난 JTBC 뉴스의 위상이다. JTBC 뉴스룸은 단순히 하나의 뉴스 프로그램을 넘어 JTBC 전체의 브랜드를 결정짓는 중요한 '브랜드'가 되었다.

치열한 경쟁 환경 속에서 후발주자인 JTBC 뉴스가 강력한 선발주자들을 따라잡고 정상에 올라설 수 있었던 비결은 과연 무엇일까? 이와 관련해 연세대 경영대학 이무원 교수는 스탠퍼드 경영대학원과 함께 진행한 케이스 스터디에서 '붉은 여왕(Red Queen)' 전략에 주목했다.

붉은 여왕 전략이 도대체 무엇이기에 JTBC 뉴스룸의 위상을 뒤바꿔놓았을까. 그리고 JTBC는 어떻게, 왜 붉은 여왕을 택했을까. 그 과정에서 어떤 고민과 노력이 있었을까. 첫 번째 대담의 주제는 바로 이것이었다.

JTBC 개국 당시부터 함께해 현재는 뉴스룸의 주말을 책임지는 김필규 앵커가 초창기 상황은 지금의 JTBC와 다르게 자못 뒤숭숭했다는 이야기로 이 대담의 포문을 열었다.

시장이 아니라
'정체성'이 문제

김필규 지금은 시청자들이 JTBC를 KBS나 MBC 같은 지상파 방송과 동등한 선에 놓고 평가해 주시지만, 불과 5년 전만 해도 그런 위상은 상상할 수 없었어요. 많아야 두 곳 정도 선정될 줄 알았던 종편 사업자가 네 곳이나 선정된 상황이었죠.

개국 당시 방송 관계자들에게 가장 많이 들었던 이야기는 '광고 시장은 이미 포화 상태고 젊은 층은 더 이상 뉴스를 보지 않는다'는 것이었습니다.

폴인 당시 여론도 종편에 우호적이지 않았지요.

김필규 네. 보도국 기자들은 취재를 갔다가 어깨에 힘이 빠진 채로 돌아올 때가 많았어요. 종편과는 인터뷰하지 않겠다고 적대적으로 대하는 분들도 있었고, 기본적으로 무관심한 분들이 많아서 JTBC가 무엇인지부터 설명해야 하는 상황이 대부분이었습니다. 심지어 야당에서는 소속 의원들에게 종편과 인터뷰하지 말라는 금지령을 내리기까지 했어요.

지금이야 웃으면서 이야기하지만 그때는 씁쓸했던 에피소드가 있어요. 한 야당 의원이 당내 인터뷰 금지령을 어기고 저희에게 코멘트를 하나 해 줬어요. 해당 취재기자와 그 의원은 서로 알던 사이였거든요. 그런데 당에서 이를 문제 삼자, 이렇게 해명했다고 하더군요. 'JTBC가 아니라 JTV(전주방송)인 줄 알았다'고요.

폴인 지금과는 분위기가 많이 달랐군요.

김필규 그렇죠. 외부의 차가운 시선뿐 아니라 내부적인 약점도 극복해야 할 문제였어요. 신문사에 기반을 두고 있다 보니 조직 내에 방송을 진행할 기자들의 숫자와 역량이 충분치 않았죠. 그런 상황에서 앵커 한 명에 정치평론가 몇 명으로 시간을 채울 수 있는 뉴스 프로그램을 만드는 게 가장 쉬운 선택이었어요.

다른 종편도 상황은 마찬가지였죠. 그러다 보니 모든 종편이 낮부터 거의 하루 종일 뉴스를 편성했어요. 나중에는 종합편성채널이라는 이름을 달고 있지만 뉴스 편성 비율만 너무 높아 문제가 될 정도였죠.

폴인 경영학의 SWOT 모델이 떠오르는데요. 그에 따르면 방송 사업에 뛰어든다는 것 자체가 승산 없는 게임이었을 것 같군요. 이무원 교수님은 어떻게 생각하시나요?

이무원 SWOT 분석 모델은 기업 내부적으로 무엇이 강점 혹은 약점인지, 동시에 외부 환경에서 즉 산업 차원에서는 어떤 기회나 위협 요인이 있는지를 분석하는 기법으로 강점(Strength), 약점(Weakness), 기회(Opportunities), 위협(Threat)의 첫 글자를 따서 SWOT이라고 부릅니다. 조직 내부 요인인 강점과 약점으로는 조직 자체의 특성이 꼽히게 되는 반면, 외부 요인인 기회와 위기로는 산업 환경, 경쟁자, 그 외 거시적 변화 요인 등이 들어갈 수 있어요.

1970년에 마이클 포터 교수가 주창한 모델인데, 분명 JTBC 초기 상황을 보면 내부적으로 강점이라 할 만한 것도 많지 않고, 외부 환경은 전혀 우호적이지 않았으니 SWOT 분석상으로는 사업 진입이 정당한 전략적 방향이라 볼 수 없는 게 맞았을 것입니다. 하지만 저는 SWOT 모델이 요즘 시대에는 유용하지 않은 모델이라고 생각합니다.

폴인 이유가 뭔가요?

이무원 SWOT는 특정 시점을 기준으로 하는 분석인데, 요즘 기업이 마주하는 환경은 그렇게 정태적이지 않습니다. 기회든 위협이든 환경에 따라 크게 변하죠.

그런데 SWOT 모델은 그런 변화를 포착하지 못하기 때문에 결국 '분석을 위한 분석'일 수밖에 없어요. 21세기 역동적인 산업 구조를 반영하지 못하는 모델이죠. 따라서 오늘날의 초경쟁 시장에서는 SWOT 모델 무용론이 더욱 힘을 받고 있습니다.

폴인 요즘 시대에 맞는 새로운 모델이 필요하겠네요. 그럼 교수님은 당시 상황을 어떻게 진단하시나요?

이무원 저는 당시 종편이 잘될 수 없었던 구조적 문제를 '정체성(Identity)' 문제로 봅니다. 정체성은 요즘 경영전략 학계에서 기업의 높은 성과와 생존을 위해 가장 중요한 요소 중 하나로 떠오르는 개념이에요.

초기 펀딩이 생사를 가르는 스타트업을 예로 들어볼게요. 일반적으로 스타트업은 해당 회사가 무슨 사업을 하는지 투자자들에게 명확히 어필하지 않으면 투자받기가 어려워요. 모호한 정체성이 투자를 꺼리게 하는 요인이죠. 이런 정체성 측면을 방송 산업에도 적용해 볼 수 있어요.

폴인 어떻게 적용할 수 있나요?

이무원 종편이 생기기 이전의 방송사들은 나름 '집중적 정체성(Focused Identity)'을 가지고 있었어요. 집중적 정체성이란 시장 내 소비자들과 투자자들에게 "우리 조직은 어떤 상품과 서비스를 제공하는 기업이다"라는 메시지를 모호하지 않게 분명히 전달할 수 있는 정체성을 일컫습니다. 즉 '지상파 방송국은 전파는 지상파를 쓰고 보도, 예능, 드라마를 다 갖추는 것'에 정체성을 집중하고 있었고, 케이블 방송국은 그와 달리 특정 테마(Theme)에 정체성을 걸고 사업을 해 왔죠.

그런데 종편은 국가가 종편이라는 모드(Mode)를 만들어 주긴 했지만 도대체 무엇을 해야 하는 건지 그 누구도 제대로 알지 못한 채로 시작됐죠. 국가가 일시적으로 제도를 개편해서 시장을 열어준 것뿐이었습니다. 법적으로 '종합적인 편성이 가능하다'고 규정했지만, 그것이 곧 정체성 확보로 이어지는 것은 아니었죠. 일반 시청자나 광고주가 보기에는 '쟤네는 뭐하는 애들일까?'라는 궁금증이 컸고 종편 사업자들은 이에 분명한 대답을 하기 힘든 상황이었어요.

폴인 종편이 어려움을 겪었던 가장 큰 이유는 정체성이 모호했기 때문이라는 말씀이군요. 정체성이 애매하다 보니 방향을 알 수 없고, 시청자나 광고주에게도 적절히 다가갈 수 없었고요.

이무원 네. 저는 기업의 정체성이 모호하다는 것은 그 자체로 위기라고 봅니다. 결국 초창기 모든 종편 사업자는 정체성 부재로 발생한 위기를 극복하고 종편이라는 새로운 정체성을 수립하는 게 시급한 상황이었어요.

폴인 두 분 말씀을 정리하자면, 종편 시장 초기에 각 회사가 정체성이 정립되지 않은 상황에서 자원까지 부족하다 보니 가장 쉽게 제작할 수 있는 뉴스에 집중하기 시작했다는 거군요. 그러다 보니 뉴스 경쟁이 더욱 치열해졌던 것 같습니다. 뉴스를 '예능'처럼 진행하는 뉴스쇼가 많아진 이유도 이 때문인가요?

김필규 당시 모든 종편이 낮부터 거의 하루 종일 뉴스를 편성하기 시작했어요. 그런데 생각보다 시청률이 잘 나왔습니다.

그전까지 지상파 채널에서는 낮 시간에 주로 어린이 프로그램이나 교양 프로그램을 편성했습니다. 어린이들이 방과 후에 TV를 본다고 생각해 정착된 관행이었죠. 그런데 알고 보니 낮 시간에는 어린이보다 노년층과 중장년층의 TV 시청률이 높았습니다.

그러다 보니 상대적으로 보수적인 패널이 출연해 자극적으로 대화를 나누는 소위 '뉴스쇼'가 하나의 트렌드가 됐죠. 메인 뉴스 시청률은 1% 정도 밖에 안 나오는데 그런 뉴스쇼 시청률은 3%를 넘기도 했습니다.

마침 종편 출범 이듬해인 2012년은 총선과 대선이 겹쳤습니다. 이른바 '정치의 해'였던 거죠. 그러다 보니 낮 시간에 정치 뉴스의 인기가 더 높아졌습니다. 결국 많은 종편들이 낮 뉴스 시장이 블루오션(Blue Ocean)이라고 생각하게 됐던 것 같습니다.

폴인 블루오션이라는 경영 용어에 대해 이무원 교수님께서 조금 더 설명해 주실 수 있을까요?

　　이무원 블루오션 전략은 많은 분들이 이미 아시겠지만, 간단히 말하면 초경쟁 시대에 기업이 성공하기 위해서는 경쟁이 낮거나 없는 새로운 영역을 개척하거나, 새로운 시장으로 진출해야 한다는 경영전략입니다. 포화 상태인 현재의 시장에 머무르게 되면 생존할 수 없기 때문에 시장에서 비어 있는 틈새를 비집고 들어가서 경쟁의 강도를 줄이든지 아니면 완전히 새로운 시장, 무주공산을 발견 또는 창출하여 경쟁을 제거하는 전략이죠.

　　최근 블루오션 시프트(Blue Ocean Shift)라는 용어가 유행하고 있는데요. 이 용어의 핵심은 기업이 시장에서 현재 자기 위치를 잘 파악한 후 어떤 방향의 블루오션으로 움직일 수 있는지를 진단함과 동시에 그 방향으로 가기 위한 방법론을 고안하는 일련의 과정이 잘 갖추어져야 성공적인 시프트가 가능하다는 점입니다.

　　폴인 그 정의에 따르면 낮 뉴스가 정말 블루오션이었다고 할 수 있을까요?

이무원 저는 그렇지 않다고 봅니다. 만약 낮 시간 뉴스 시장이 그렇게 블루오션이었다면, 기존 지상파들도 거기에 사활을 걸고 뛰어들었을 것입니다. 하지만 그 정도까지는 아니었죠.

김필규 말씀대로 결국 블루오션은 아니었어요. 뉴스 시청률이 고만고만한 수준에서 약간 높게 나오는 정도였죠. 그게 결국 광고 수익의 증가로 이어지지는 않았거든요. 광고주 입장에서는 낮 시간에 뉴스를 보는 시청자들이 타깃 시청층이 아니었던 것이죠.

낮 뉴스를 통해 전체 시청률을 많이 끌어올린 어떤 종편 사업자는 모기업의 신문에서 몇 달째 '종편 시청률 1위'라는 기사를 내보냈지만, 제가 알기로는 그게 광고 매출로 이어지지는 않았습니다.

이무원 게다가 종편의 낮 뉴스 시청률이 올랐다고 해서 채널의 경쟁력이 올라간 것은 아니었어요. 결국은 종합편성 채널이라는 정체성을 확고히 가져가야 하는데, 뉴스 프로그램 몇몇 개의 시청률을 조금 끌어올렸을 뿐 하나의 채널로서

입지를 넓히지는 못했으니까요.

　　폴인 결국은 낮 뉴스가 블루오션이냐 아니냐보다 정체성이 중요했겠군요.

붉은 여왕 전략의 승리

폴인 그런 상황에서 JTBC도 고민이 많았을 것 같습니다.

김필규 저희도 참 여러 가지를 많이 해 봤습니다. 2013년 초에 점점 심화되는 '뉴스쇼' 경쟁 속에서 살아남기 위해 JTBC는 오병상 보도담당 총괄의 지시로 뉴스혁신 TF를 꾸렸습니다. 우리 뉴스의 퀄리티와 경쟁력을 높일 수 있는 방법을 원점에서부터 짚어보기 위한 TF였습니다. 저 역시 그 TF 멤버였는데, 사실 좀 막막한 상황이었습니다. 뉴스 리포트를 좀 재밌게 해 보기도 하고, 화려한 3D 컴퓨터 그래픽도 써봤지만 그런 리포트로 시청률을 올릴 순 없었거든요.

폴인 네, 저도 그런 리포트를 기억합니다.

김필규 하지만 당시 손석희 앵커가 보도담당 사장*으로 온 이후 JTBC 뉴스의 방향은 이전과 확실히 달랐습니다. 손 사장은 "우리는 지상파 뉴스도 아니고 종편 뉴스도 아니고 JTBC 뉴스다"라고 누차 강조했어요. 이건 꼭 뉴스뿐 아니라

---

* 손석희 보도담당 사장은 2018년 11월 19일 정기 인사를 통해 보도뿐 아니라 전 부문을 아우르는 대표이사 사장으로 임명됐다.

JTBC 채널 전체에 해당되는 거였죠. 뉴스 시장은 원래부터 있었고, 어차피 이곳에 있는 플레이어들과 경쟁해야 한다는 생각이었던 것 같습니다. 틈새시장을 파고들려고 하지 않았어요.

이무원 그게 결국 채널 정체성 정립으로 이어졌고, 그게 JTBC가 하나의 독특한 브랜드가 될 수 있었던 비결이라고 봅니다. 사실 다른 종편 채널들은 기존에 하고 있던 신문업을 기반으로, 다소 소극적으로 우리는 '뉴스 채널'이라고 규정했어요. 하지만 JTBC는 적극적으로 정체성을 개척한 거죠. 다른 종편이 지상파나 케이블 채널과 전면 대결을 피하고 소극적으로 대응할 때, JTBC는 적극적으로 경쟁하겠다는 전략을 펼친 것입니다.

이미 경쟁이 과다한 시장이라도 피하지 않고, 그 시장의 기존 플레이어들과 정면으로 경쟁하는 거죠. 경영학의 경쟁이론에서 볼 때, 이를 '붉은 여왕(Red Queen)' 전략이라고 합니다.

폴인 붉은 여왕 전략을 좀 더 설명해 주세요.

이무원 블루오션 전략과 대비되는 거라고 생각하시면 쉽습니다. 블루오션 전략은 기업이 성공하기 위해서는 경쟁이 낮거나 없는 곳으로 가야 한다는 전략인 데 반해, 붉은 여왕 전략은 기업이 장기적으로 성공하려면 경쟁을 해야 한다는 전략이에요. 경쟁자와 서로 치고받으면서 서로 배우고 맷집도 키우는 게 기업의 경쟁력 강화로 이어진다는 거죠. 붉은 여왕 전략의 맥락에서는 블루오션 전략이 이야기하는 '새롭고 경쟁이 덜한 시장'이란 단기적 방안이고, 장기적으로는 기업에 해를 끼칠 수도 있다는 거예요.

폴인 왜 붉은 여왕이라는 이름이 붙었는지 설명이 필요할 것 같아요.

이무원 붉은 여왕 전략이라는 말은 루이스 캐럴의 동화로 잘 알려진 《거울나라의 앨리스》에 등장하는 '붉은 여왕의 경주(Red Queen's race)'라는 말에서 유래됐습니다. 동화 속에는 주인공 앨리스가 붉은 여왕과 함께 나무 아래에서 계속 달리는 장면이 있습니다. 그런데 앨리스는 아무리 달리고 또 달려도 제자리 같다고 느끼고 여왕에게 물었죠. 여왕은 "여기서는 쉬지 않고 힘껏 달려야 제자리야. 어딘가 다른 데로 가고 싶다면 지금보다 두 배는 더 빨리 달려야 해"라고 답합니다. 경영학적 관점으로 이 장면을 해석한 게 붉은 여왕 전략입니다.

스탠퍼드 경영대학원의 윌리엄 바넷 교수가 처음으로 붉은 여왕 이론을 제시했어요. 내가 서 있는 경쟁 환경이 계속해서 앞으로 나아가고 있기 때문에, 힘껏 달리면서 경쟁해야 생존할 수 있다는 의미죠. 진화하는 경쟁 환경에서 뒤처지지 않기 위해서는 끊임없이 진화를 해야 한다는 겁니다.

폴인 동화 속 장면을 경영학적으로 해석한 개념이군요. 정리하자면 붉은 여왕 전략은 경쟁을 피하는 게 아니라 전면적으로 해야 한다는 것이고, 교수님은 JTBC가 그런 전략을 취했다고 보시는군요.

이무원 네. JTBC는 경쟁을 피하지 않고 시장에 전면적으로 뛰어들어 기존의 강자들과의 전면전을 선택했어요. 그런 결정은 엄청난 도박이기도 하고 실패 가능성도 많지만, 역설적으로 성공으로 나아갈 수 있는 유일한 전략이기도 합니

1871년에 출간된 루이스 캐럴의 《거울나라의 앨리스》 중
존 테니얼이 그린 붉은 여왕의 경주 장면 삽화

다. 그 당시로 돌아가 만약 JTBC가 저에게 자문을 구한다 하
더라도 "그냥 붙어라" 말고는 할 말이 없을 것 같아요. 결국
JTBC는 그렇게 직접 적극적으로 경쟁을 하면서 JTBC만의
정체성을 형성했어요. 모호한 정체성에서 독자적인 정체성
으로 성공적인 전환을 했죠. 지상파도 아니고 케이블도 아니
면서, 다른 종편 사업자들과 차별화된 JTBC만의 정체성을
찾은 겁니다.

　　폴인 그런데 자원이 부족한 기업 입장에서는 블루오션

전략을 선택할 유인이 생기는 것 같아요.

김필규 네. JTBC도 마찬가지였어요. 수십 년 동안 방송 산업에 종사해 온 다른 방송사들이 있는데, 그에 비해 리소스(Resource, 자원)는 턱없이 부족한 상황이었죠. 저희도 블루오션을 찾아 나설 유혹이 많았죠. 그러다 보니 시행착오도 많았어요. 상당히 특이한 방식으로 리포트를 하거나 스튜디오에 동물을 데려오거나 했던 것도 그런 맥락인 거죠. 자원이 부족하니 남들이 안 하는 것으로 승부를 보자는 생각에서요.

이무원 저는 우리나라 방송 산업에서 진정한 의미의 블루오션이 존재했다고 보지 않아요. 지상파도 보도를 하고 있었고, 보도 전문 채널도 존재했죠. 종편 사업자들은 지상파를 피해 틈새시장을 공략하는 것이 블루오션 전략이라고 생각했을 수 있지만, 애초에 종편에 뛰어든 것 자체가 블루오션 전략의 맥락에서는 이해되지 않는 결정입니다.

게다가 블루오션은 사실 사후적으로 정의되는 경우가 대부분이고, 사전적으로는 정의하기 쉽지 않습니다. 성공적 시장이 형성되고 나서야 그것이 블루오션이었다고 부르는 거죠.

또한 어찌 보면 블루오션 전략은 그다지 공격적인 전략이 아닙니다. 경쟁자 없는 곳을 찾고 찾아 들어가서, 내가 거기서만큼은 잘해 보겠다는 것이니까요. 다른 종편 사업자들의 경우 "신문사 자원 있으니 뉴스라도 잘하자"는 식의 전략을 취했죠. 그런데 뉴스는 결코 블루오션이 아니었어요. 지상파와 보도 전문 채널이 이미 존재했으니까 경쟁을 피할 수 있는 상황이 아니었죠.

김필규 맞습니다. 저희도 흔들리던 시절도 있었지만 결국에는 지상파와 맞붙는다는 전략으로 선회했어요. 뉴스뿐아니라 예능, 드라마 또한 지상파와 직접 맞붙는다는 전략이었죠.

지상파에서 유능한 PD들을 스카우트해 지상파 수준에 못지않은 예능 프로그램을 만들었어요. 드라마 쪽에선 노희경 작가가 집필하고 정우성, 한지민이 출연한 〈빠담빠담〉으로 시작해, 김수현 작가의 〈무자식 상팔자〉 등 화제가 된 작품을 방송했죠. 이제 막 출범한 방송국에선 상당한 비용이 드는 투자였지만, 장기적으로 'JTBC는 볼 만하다'는 이미지를 구축하는 데 도움이 됐던 것 같습니다. 그런 투자가 가능했던 건 목표가 분명했기 때문이지 않았나 싶습니다. 그저 방송을 한다는 흐름을 따라간 게 아니라 먼저 JTBC의 목표를 세우고 시작했던 거죠.

이무원 맞아요. JTBC가 TV조선, 채널A, MBN과 다른 것이 바로 분명한 목표가 있었다는 점이에요. JTBC의 경우는 이미 경쟁자가 있는 영역이란 걸 인지하고, 공격적인 전략을 폈어요. 종편이라는 이름에 걸맞게 예능·드라마·보도를 모두 하되, 기존에 이미 그걸 잘하고 있었던 강자와 직접 붙어서 그보다 더 잘할 수 있도록 해 보겠다는 자세였다고 봅니다.

폴인 사실 중앙그룹은 TBC(동양방송)를 운영해 본 경험이 있어요. 1980년 언론 통폐합이 있기 전까지 TBC가 상당히 인기 있었고, MBC·KBS보다 좋은 평가를 받았다고 들었습니다. JTBC가 리소스가 부족했다고는 해도, 다른 종편에 비해 경험이 있어서 전략적으로 우위를 점했던 건 아닐까요?

김필규 사실 TBC의 경험 때문인지 내부적으로 'TBC

1980년 11월 30일 TBC 라디오 드라마 고별 방송, 출처 : 중앙포토

이상의 방송국을 만들겠다'는 최소한의 목표치가 있었던 것 같아요. 당연히 뉴스뿐 아니라 예능과 드라마를 아우르는 전 방위 콘텐츠를 만들어야 한다고 생각했을 것 같습니다.

이무원 네. TBC로부터 일종의 '연기된 학습(Delayed Learning)'이 있었을 것이라고 추측해 봅니다. 연기된 학습이 란, 어떤 경험을 한 뒤 오랜 시간이 지나더라도 그 경험이 조 직의 학습으로 이어질 수 있다는 개념으로, 저를 비롯한 몇 몇 조직학습 이론가들이 사용하고 있는 용어입니다. JTBC와 TBC의 경우, TBC가 1980년 언론 통폐합 때 폐국을 한 이후

30년이 넘게 지났지만 그때의 경험을 통해 JTBC가 학습을 할 수도 있다는 것이죠.

당시 TBC에서 활동했던 사람들이 없으니 직접적인 학습이 있었다고 보긴 어렵겠지만, 그 당시 경험에서 생성된 열망치 또는 기대치를 통해 학습 효과가 발생할 수 있다는 거예요. 조직이 학습하는 데 중요한 요소 중 하나가 열망치(Aspiration Level)거든요. 열망치란 건, 조직의 성공과 실패를 판가름하는 데 사용되는 일종의 리트머스 시험지입니다. 조직이 '목표하는 정도'라고 생각하면 돼요. 단순하게 말하면 조직의 성과가 열망치 이상이면 성공인 거고, 열망치에 미치지 못하면 실패라고 할 수 있어요.

중앙일보는 이전에 TBC로 방송을 한 번 경험했기 때문에, 그 경험이 JTBC의 열망치를 설정하는 데 영향을 끼쳤을 수 있다고 봅니다. TBC의 경험이 직접적인 학습이나 도움으로 이어진 건 아닐 수 있지만요.

폴인 그렇다면 JTBC는 종편 출범 때부터 TBC라는 이름을 계승하지 않고 이름을 왜 바꿨는지 궁금하군요.

김필규 사실 TBC를 다시 쓰자는 논의가 진지하게 있었습니다. 하지만 그럴 수 없었어요. TBC가 문을 닫은 지 15년 후인 1995년 지역 민방이 들어섰는데, 그때 대구방송이 TBC라는 이름을 가져갔습니다. 지금도 쓰고 있고요. 그래서 어쩔 수 없이 앞에 '중앙'의 J를 붙여 JTBC가 된 겁니다. 처음엔 방송국 이름이 네 글자이면 너무 길다, 익숙하지 않다는 반대 의견도 있었죠. 나중에 혹시 방법이 있으면 TBC라는 이름을 되찾아오자는 이야기도 있었습니다. 하지만 지금은 오히려 시청자들이 JTBC라는 네 글자 방송사 이름을 익숙하게 생각하시는 것 같습니다. 이 과정에서 일관적으로 브랜드 이미지 작업에 꾸준히 공을 들인 덕도 크다고 봅니다.

폴인 JTBC의 TBC 경험이 JTBC의 목표와 정체성을 설정하는 데 어느 정도 이정표가 되었고, 실제로 손석희 사장이 부임하면서 부여했던 'JTBC 뉴스'라는 정체성이 탄력을 받으면서 붉은 여왕 전략을 실행하는 바탕이 되었다고 정리할 수 있겠군요.

이무원 조금 덧붙이자면, 재미있게도 JTBC는 정체성의 모호함(Ambiguity)이 불러일으키는 단점을 장점으로 승화시켰다고도 볼 수 있어요. 일반적으로 기업은 정체성의 모호함을 줄이려고 해요. 정체성이 명확해야 외부 이해 관계자들(External Stakeholder)에게 더욱 매력적으로 보이니까요. 그런데 때때로 정체성이 모호하다는 것이 기업의 새로운 시도를 촉진하는 측면도 있습니다. 스스로 할 수 있는 일의 범위가 한정되지 않기 때문에 새로운 시도를 하기가 쉬워지죠.

JTBC는 국가가 만들어낸 모호한 정체성 때문에 어려움을 겪었지만, 다른 한편으로 이 모호함 때문에 지상파와 직접 싸우면서 다양한 시도를 할 수 있었던 것이죠. 초반에는 실패도 많이 하면서 힘들었지만, 실패에 굴하지 않고 계속 시도하게 됐고, 그렇게 '붙고 배우고 깨지면서' 소위 맷집이 생겼다고 생각합니다.

과연 모두를 위한
전략일까

폴인 사실 JTBC는 매우 짧은 기간 동안에 브랜드를 인지시켰고 괄목할 만한 성과를 이뤄냈다는 점에서 언론계뿐 아니라 기업 차원에서도 관심을 받고 있습니다.

그런 면에서 붉은 여왕 전략이 다른 기업에도 시사점을 줄 수 있을 것 같은데요. 붉은 여왕 전략을 활용해 성공한 다른 사례를 알 수 있을까요?

이무원 우선 한국의 사례 중 대표적인 것은 현대자동차예요. 이 사례는 윌리엄 바넷 교수의 책에도 있어요. 현대자동차는 1980년대 후반 미국 시장에서 판매를 시작한 후 산전수전을 다 겪으면서도 2000년대 초반 미국 앨라배마에 생산 공장을 설립했습니다.

당시 미국 자동차 시장은 상당히 포화된 상태였기 때문에 블루오션 전략의 관점에서는 성공이 쉽지 않아 보이는 결정이었죠. 새로운 블루오션을 발굴하기에는 현대자동차가 그럴 능력이 없었고요. 1986년 처음 미국에 진출할 때 현지 생산 설비가 제대로 갖춰진 상황도 아니었고, 브랜드 인지도가 높은 것도 아니었어요. 어떤 면에서 봐도 성공 가능성이 희박했는데도 진입했죠.

2003년 바넷 교수와 제가 현대자동차 USA에 대한 스탠퍼드 경영대학원에서 출판하는 사례 연구를 쓸 당시 인터뷰에 응한 한 임원께서 "치열한 경쟁 상황에서 부딪쳐서 맷집을 갖추고, 살아만 남는다면 어떻게든 해 낼 수 있다"는 철학으로 직접 미국 시장 레이스에 뛰어들었다고 말씀하시더군요. 결국 그러한 경쟁 상황에서 버텨냈기 때문에 현대자동차는 실질적인 퀄리티 측면에서 괄목할 만한 성장을 할 수 있었던 거죠.

정몽구 회장의 품질 경영 마인드, 즉 '무조건 남들보다 더 나은 것을 만든다'는 생각으로 직접 부딪쳐서 살아남고 경쟁자에게서 배우면서 더 진화할 수 있었던 것입니다.

최근 방탄소년단(BTS)의 성공도 붉은 여왕 전략의 좋은 사례입니다. 혹자는 BTS의 성공을 블루오션 전략으로 사후 포장하는 오류를 범하고 있는데 전 그렇게 보지 않아요. SM·JYP·YG 등 기존의 아이돌 시장 강자들과 무수히 경쟁한 경험이 방시혁 사단 고유의 성공 방정식을 도출했다고 봅니다. 바넷 교수와 현재 한국 아이돌 시장의 역사를 붉은 여왕 전략 관점에서 분석하는 논문을 쓰고 있습니다.

폴인 흥미로운 이야기군요. 해외 기업이나 다른 사례들도 있을까요?

이무원 또 다른 사례로, 저는 스마트폰 시장에서 용호상박의 경쟁을 하는 삼성과 애플 이야기를 종종 합니다. 삼성과 애플 두 기업이 스마트폰 시장에서 현저하게 두각을 나타내는 이유 중 하나가 바로 시장에서 벌이는 두 기업의 치열한 레이싱 때문이라고 보거든요.

두 기업 중 하나라도 제대로 하지 못한다면 공진화하기 어렵기 때문에 같이 망할 수 있어요. 한 회사라도 혁신을 게을리하면 다른 회사가 안이해지고, 그러다 보면 어느 순간 제3자가 들어와서 자리를 빼앗을 수 있거든요. 지금처럼 서로 치열하게 경쟁하고 서로 학습하고, 그러다 보니 소송도 서로 강하게 하고, 그런 경험들이 두 기업 모두의 경쟁력을 높여주고 있는 거죠.

폴인 소송 규모도 굉장히 컸고, 때마다 시장이 들썩일 만큼 경쟁하는 걸 보면, 해당 기업 입장에서는 경쟁이 힘들 수도 있겠지만 경영전략 관점에서는 나쁘게만 볼 수는 없겠네요.

이무원 구글과 야후의 사례를 보시면 더 이해하기 좋으실 것 같아요. 한때 검색엔진 시장은 구글과 야후 두 기업이 쌍두마차로서 레이싱을 했지만, 야후가 무너지면서 구글의 독점이 가속화됐죠. 그런데 그러고 나니 역설적으로 검색엔진 기술의 발전 속도가 느려졌어요.

최대 경쟁자인 야후가 퇴장함으로써 구글이 더욱 잘할 수 있을 거라 생각하기 쉽지만, 오히려 구글도 함께 약해지게 된 거죠. 삼성과 애플의 경우도 마찬가지라 할 수 있어요. 애플이 언제 망할까요? 삼성이 망할 때 망하는 겁니다. 역설적인 진실이라고 할까요.

김필규 초기에 JTBC도 다른 기존 채널들과 직접 부딪힌다는 것이 과연 효과가 있을지 고민이 참 많았는데, 말씀을 듣고 보니 경쟁하려 하지 않았다면 도태되었을 수도 있을 것 같습니다.

이무원 네. 레드 퀸 이론과 한국 방송 산업이 잘 맞아떨어지는 부분이 있어요. 어찌 보면 JTBC가 경쟁력이 생긴 것도 경쟁을 피하지 않았기 때문인 거예요. 만약 다른 종편 사업자들처럼 기존 플레이어와의 경쟁을 피하려 했다면 지금 많이 힘들어졌을 겁니다.

KBS·MBC도 결국 JTBC 덕을 봤다고 생각해요. 장기적으로 그들도 JTBC 덕분에 발전할 계기를 찾았으니까요.

MBC는 정상화 과정에서 뉴스를 개편하면서 앵커도 교체했죠. 그와 관련해 MBC 신임 보도국장이 한 인터뷰에서 뉴스의 방향성이나 앵커 교체 이유 등을 이야기했는데, 그러면서 동시에 JTBC를 몇 번이나 언급하더군요. JTBC 뉴스룸이 두각을 나타내니 MBC 입장에서도 발전의 계기가 생기고, 그게 장기적으로는 도태되지 않기 위한 필수 요소입니다.

김필규 종편이 처음 론칭했을 때의 상황과 잘 맞아떨어지는 것 같습니다. 하지만 앞서도 말씀드렸지만, 리소스가 턱없이 부족한 기업 입장에서는 오히려 경쟁을 회피하는 게 합리적인 선택이 아닐까 하는 고민을 하게 되는 것도 사실이에요. JTBC도 그랬고요.

이무원 사실 많은 사람들이 그렇게 이야기해요. 자원이 부족하니까 경쟁을 회피해야 한다는 주장은 상식적인 측면에서 옳을 수도 있어요. 그래서 블루오션 전략을 택하는 기업이 많죠. 그런데 문제는 그게 오래 못 간다는 겁니다. 언제든지 새로운 경쟁자가 등장할 수 있거든요. 금방 더 강한 기업이 시장에 들어올 거예요. 매력적인 시장은 나한테만 매력적인 게 아니니까요. 경쟁해 보지 않은 채로 혼자 있던 시장에 어느 순간 더 강한 기업이 들어오면 더 힘들어집니다. 맷집이 없으니까요.

현대자동차가 미국 시장에 진출할 당시에도 많은 이들이 미국에 가면 안 된다고 말했어요. 자원도 없고 품질도 낮고, 그렇다고 자본력이 좋지도 않았으니까요. 기껏해야 아시아에서 조금 알려진 브랜드일 뿐이었죠. 하지만 품질을 입증하기 위해서는 선진 시장에 진입하는 게 필수였어요. 그리고 장기적으로 아시아 시장이 언제나 동일한 상태로 유지되리라는 보장도 없거든요.

현대 차가 그저 '아시아에서 잘하는 기업'에만 머물렀다면 오늘날 아시아의 여러 국가 소비자들이 계속 현대 차를 탈까요? 그렇지 않습니다. 결국 경쟁력을 유지하려면 품질이 좋아야 하고, 품질을 높이려면 '나보다 더 잘하는' 품질 좋은 기업과 경쟁해야 합니다.

폴인 후발주자들이 후발주자 그룹에만 머물지 않고, 선발주자들과 경쟁해 품질을 입증해야 성공할 수 있겠군요. 그러려면 좀 장기적인 관점이 필요하겠어요.

이무원 그렇죠. 새로 시장에 진입한 방송사로서는 단기적으로 시청률이 반짝 오르는 것보다 장기적인 관점에서 실질적으로 조직의 역량이 높아지는 것, 채널 경쟁력을 얻는 것이 더 중요해요. 기왕에 방송 시장에 뛰어든 거, 그 누구와도 어깨를 나란히 하면서 경쟁력을 가지는 방송사가 되려면 같이 부딪쳐서 경쟁할 수밖에 없다는 게 붉은 여왕 전략의 논리이거든요. 그렇게 해야 방송 산업의 생태계도 같이 진화하죠.

게다가 앞서도 말씀드렸지만, 낮 시간대의 뉴스는 진정한 블루오션이 아니었다고 생각해요. 결국 경쟁을 하지 않고는 살아남을 수 없는 상황이었죠. JTBC는 그런 시장 상황을 잘 판단했기에 차별화를 이룰 수 있었다고 봅니다.

폴인 그렇다면 붉은 여왕 전략이 모든 기업에 유의미한 전략이라고 볼 수 있을까요?

이무원 사실 블루오션을 개척하는 게 실제로는 훨씬 더 어렵습니다. 그게 쉬우면 다들 했겠죠. 그런데 자신이 들어갈 시장이 '블루오션'임을 미리 알 수 있는 사람이 얼마나 될까요? 블루오션 전략의 성공 사례가 사후적인 판단에 근거해 도출될 수밖에 없는 이유죠. 블루오션 전략 성공 사례에 대한 연구는 보통 성공한 기업이 성공한 이유에 대해 "어떻게 성공했을까?"라는 질문을 먼저 던지고 블루오션을 공략했다는 틀로 풀어 설명하는 경우가 많아요.

그래서 저는 블루오션 전략보다 붉은 여왕 전략이 상대적으로 더 현실적이고 합리적이라고 봅니다. 경쟁 상황에 적극적으로 달려들면서 '이 경쟁에서 새로운 아이디어를 내보자' 혹은 '어차피 경쟁할 거 좀 다르게 해 보자'는 접근을 해야 하죠.

폴인 그런데 붉은 여왕 전략은 블루오션 전략만큼은 잘 알려져 있지 않은 것 같습니다.

이무원 블루오션 전략은 어느 정도 직관에 의존하고 있는 개념이기 때문에 쉽게 대중화된 것 같습니다. 반면 붉은 여왕 전략은 학계에서 심도 있는 이론적 논의와 실증 연구를 통해 도출되고 있어요. 그러다 보니 아무래도 대중에게는 아직 익숙하지 않은 것 같아요.

재미있는 사실은 블루오션 전략에 대한 논문은 거의 대부분 사례에 대한 사후적 설명에 그치는 반면 붉은 여왕 전략에 대한 논문은 역사적 데이터에 기반한 통계 분석이 주를 이루고 있습니다. 그런 측면에서도 저는 현재 경험하고 있는 시장에 직접적으로 부딪히면서 더 나은 상품과 시장을 개척하거나 경쟁의 프레임을 개척하는 전략을 수립하는 것이 더 현명한 방법이라고 생각해요.

02

가치에서 출발하는
브랜딩의 힘

4가지 핵심 가치와
실행력

"핵심 가치를 시스템화해야 합니다.

그래야 조직의 결정이 단순히

리더 한 명의 지시가 아닌 공정한 시스템을 거쳐

나온다는 정당성을 얻습니다."

_이무원 연세대 교수

JTBC 뉴스의 성장 과정은 하나의 드라마다. 사실 2013년 초반까지만 해도 JTBC의 저녁 뉴스 시청률은 다른 종편 채널과 비교해도 낮은 편이었다. 뉴스룸은 시청자를 사로잡기 위해 다양한 노력을 했다.

걸그룹 멤버를 기상 캐스터로 세우고, 방송 스튜디오에 동물을 데려와 출연시키거나 북한의 미사일 발사와 같은 심각한 이슈에 컴퓨터 그래픽(CG)을 덧입히기도 했다. 어떻게든 시선을 끌기 위한 장치였다. 하지만 '예능 뉴스'라는 질타만 돌아왔을 뿐 시청률 상승에 큰 도움이 되지는 않았다.

JTBC 뉴스가 바뀌기 시작한 분기점을 2013년 9월로 기억하는 이들이 많다. 같은 해 5월 부임한 손석희 당시 JTBC

아기 반달곰 출연

JTBC 스튜디오에 곰을 등장시킨 모습, 출처 : 중앙포토

보도담당 사장이 JTBC의 〈뉴스9〉을 단독으로 진행하기 시작한 시점이다. 하지만 뉴스룸의 기자들이 실제로 드라마의 시작점으로 기억하는 순간은 손석희 사장이 주재한 첫 전체 회의였다. 5월 취임 직후 전체 기자와 뉴스PD를 소집한 이 자리에서 손 사장은 네 가지의 핵심 가치를 조직원에게 전달했다. 바로 사실·공정·균형·품위이다.

모든 조직 구성원이 공유해야 하는 조직의 가치관이 핵심 가치다. 그 조직의 사명 또는 신념을 응축해 놓은 것이다. 조직의 주요 의사 결정의 준거가 된다는 게 원래 목적이다. 스탠퍼드대 경영학자 제리 포라스(Jerry Porass)는 세계적 베스트셀러 《성공하는 기업들의 8가지 습관(Build to Last)》에서 성공적 기업의 다양한 사례를 들며 "바람직하고 명확한 핵심 가치 설정이 기업의 중요한 성공 요건"이라고 강조했다.

실제로 대부분의 기업들이 대내외에 천명하는 핵심 가치를 가지고 있다. 예를 들어 삼성전자의 경우 다섯 가지의 가치를 내걸고 있다. 인재 제일·최고 지향·변화 선도·정도 경영·상생 추구이고, SK하이닉스의 핵심 가치는 도전·창조·협력이다.

무엇 하나 새로운 단어가 없다. 핵심 가치가 그런 것이다. 조직의 궁극적 지향점을 드러내다 보니 인류 보편적 가치들이 주로 언급된다. 어느 조직이든 추구해야 마땅할 가치들이다. 당연하게 여겨지니 조직원들이 크게 핵심 가치를 의식하지 않는 경우가 많다. 많은 직장인들이 소속 조직의 핵심 가치를 기억하지 못한다. 자연히 '의사 결정의 준거로 삼는다'는 원래 목적도 제대로 지켜지지 않는다.

표면적으로는 JTBC의 핵심 가치도 다르지 않았다. 사실·공정·균형·품위. 이 네 단어는 대부분의 언론사가 표방하는 가치다. 하지만 JTBC 보도국에선 핵심 가치의 무게가 달랐다. 조직원들은 손석희 사장이 핵심 가치를 전달한 뒤로 뉴스 선정의 기준과 제작 방식이 달라졌다고 돌아본다.

뉴스룸 홍보도 핵심 가치를 중심으로 진행됐다. 9월 초 손석희 사장이 단독으로 진행하는 〈뉴스9〉의 예고 영상 '우린 볼 겁니다'는 "사실·공정·균형·품위, JTBC가 추구해 나갈 가치입니다"라고 공언한다. 같은 달 16일, 손석희는 프랑스 일간지 〈르몽드〉의 창간자 뵈브 메리의 말을 인용하며 "모든 진실을, 오직 진실을 다루겠다"고 또 한 번 핵심 가치를 강조했다.

어느 기업에나 있는 핵심 가치는 JTBC에서 왜 남다르게 작용했을까. JTBC의 핵심 가치 전략은 무엇이 달랐을까. 이무원 교수는 대담에서 "핵심 가치에서 중요한 것은 설정이 아니라 실행"이라고 강조했다. JTBC가 핵심 가치를 해석하고 실현해 나간 과정이 다른 기업과는 달랐다는 것이다.

핵심 가치에
부합하는 리더

폴인 손석희 보도담당 사장이 부임하게 되면서 JTBC가 큰 전환의 계기를 맞이한 것 같습니다. 당시 분위기가 어땠나요?

김필규 손 사장이 합류하기 전인 2013년 초, JTBC는 오병상 보도담당 총괄의 지시로 뉴스혁신 TF를 꾸렸습니다. 저 역시 그 TF 멤버였는데, 사실 좀 막막한 상황이었습니다. 여러 가지 시도를 해봤으나 그런 걸로 시청률을 올릴 순 없었거든요.

고민만 하면서 몇 주가 지났는데, 어느 날 오 총괄이 갑자기 TF 사무실 문을 열고 들어와 말했습니다. "지금부터 모든 논의는 스톱. 이제부터 손석희가 진행할 뉴스를 어떻게 만들지 준비하는 TF로 바꾼다." 믿기지 않았죠. 그해 5월, 손 사장이 JTBC에 들어왔습니다.

폴인 드라마의 한 장면 같군요.

김필규 실제 이날부터 드라마가 시작됐다고 해도 과언이 아닙니다. 당시 보도국 분위기는 기대 반, 우려 반이었습니다.

'이제 정말 차별화된 뉴스를 할 수 있겠구나' 하는 기대감과 동시에 '성과가 나지 않으면 정말 끝이겠구나' 하는 걱정이 있었죠. 손석희 사장이 우리 뉴스를 진행한다는 건 결국 뉴스에서 사용할 수 있는 최고의 카드를 손에 쥔 셈이니까요.

폴인 그래도 기대감이 더 컸을 것 같습니다. 앵커가 편집권과 인사권을 모두 갖는 국내에 유례없는 파격적인 앵커 시스템을 도입할 정도였으니까요.

김필규 사실 그랬죠. 손 사장이 출근 직후 보도국 대회의실에 기자와 뉴스PD를 전부 모았어요. 그러고는 처음 꺼낸 말이 "앞으로 우리 뉴스의 가치는 사실·공정·균형·품위가 돼야 한다"였어요. 그게 참 무게감과 울림이 있었습니다. 저뿐 아니라 그 자리에 있던 사람들 누구나 그랬을 것 같아요. 솔직히 그전까지는 조직 전체를 아우르는 핵심 가치 같은 것에 크게 관심을 두지 않았어요. 어느 회사나 비전이나 사훈이 있기는 하지만, 마치 학창 시절 교실마다 걸려 있던 급훈처럼 의례적으로 생각하게 되잖아요.

폴인 사실·공정·균형·품위란 건 사실 모든 언론이 가져야 할 기본이지 않나요?

김필규 당시 언론 환경이 그렇지 않아서 더욱 울림이 있었던 것 같습니다.

폴인 당시 언론 환경이란 게 어떤 것인지 이야기해 주실 수 있나요?

김필규 2012년 대선이 끝나고 새 정권이 들어선 뒤부터 종편 채널들은 뉴스 채널이 되기로 마음을 굳힌 듯했어요. 낮부터 저녁까지 뉴스가 계속 방영됐고, 프로그램에 등장하는 사람들도 비슷해졌죠. 저 채널에서 봤던 사람이 이 채널에서도 등장하는 식이었어요. 심지어 누가 더 큰 목소리로 뉴스를 보도하는지 경쟁이 벌어진 것 같을 정도였죠. '막말'이라고 할 수준의 이야기도 참 많이 오갔고요. 미디어 비평 매체가 여러 번 문제를 제기했지만, 막말 수위가 높아질수록 시청률이 잘 나왔기 때문에 고쳐지지 않았죠. 그렇게 끌어올린 시청률을 바탕으로 서로 '종편 1위'라고 경쟁하기도 했습

JTBC 〈뉴스9〉 티저 광고 '우린 볼 겁니다' 이미지, 출처 : 중앙포토

니다. 언론이 존중해야 할 '팩트'는 정파에 따라 흔들리기 일
쑤였고, 품위를 생각할 겨를은 없어 보였죠. 그래서 손 사장
이 특히 '품위'를 언급한 게 인상적이었습니다.

폴인 '품위'라는 단어가 핵심 가치로서는 다소 엉뚱해
보이기도 하는데, 당시 상황에 굉장히 적절한 가치이긴 했겠
군요.

이무원 제가 이야기를 좀 덧붙이고 싶어요. 기업이 성공
하는 데 핵심 가치가 중요하다고 강조했던 경영학자가 있습

니다. 스탠퍼드 경영대학의 제리 포라스(Jerry Porras) 교수죠. 국내에는 같은 대학 경영학 교수 짐 콜린스(Jim Collins)와 함께 쓴 《성공하는 기업들의 8가지 습관》이란 베스트셀러의 작가로 알려져 있습니다. 포라스 교수는 조직의 성패는 핵심 가치에 얼마나 집중하느냐에 달렸다고 주장했어요. 그런데 저는 이 주장에 허점이 있다고 생각합니다.

폴인 어떤 허점인가요?

이무원 과연 세상에 핵심 가치를 강조하지 않는 회사가 얼마나 있을까요? 그들은 이 문제에 대답하지 않습니다. 제리 포라스는 성공한 기업을 조사한 뒤 그 기업들이 대부분 핵심 가치를 강조하고 있다는 것을 발견하고, 핵심 가치를 강조하는 것이 성공으로 이어진다는 인과관계를 도출했습니다. 그런데 그 인과관계가 논리적이려면 실패한 기업은 핵심 가치를 강조하지 않았는지를 봐야 해요. 하지만 그는 '실패한 기업'은 보지 않았어요. 그리고 실제로 실패한 기업 중에서도 핵심 가치를 강조한 기업이 많아요. 많은 경영학자들이 노키아·블랙베리·코닥·제록스의 성공 원인을 그들이 핵심 가치에 집중했다는 데서 찾았으면서도, 정작 이 회사들이 몰락한 이후에는 핵심 가치가 어떻게 몰락으로 이어졌는지에 대해서 상대적으로 침묵하고 있어요.

특히 언론사의 경우 사실·공정·균형이라는 모토를 가지고 있지 않은 언론사는 없을 거예요. 즉 핵심 가치를 세웠다는 게 JTBC나 기타 기업의 유일한 성공 요인은 아니라는 거죠. 제가 주목하는 것은 핵심 가치를 가지고 있는지보다 그것을 실제로 어떻게 수행했는지입니다.

폴인 JTBC의 실행이 달랐다는 거군요. 구체적으로 어떤 점에서 달랐을까요?

이무원 JTBC 조직원들에게 핵심 가치가 공감대를 형성하고 실제 수행할 수 있는 토대가 되었던 가장 큰 이유는 손석희 사장의 리더십이 그가 주장한 가치와 일치했기 때문입니다. 그가 걸어온 길을 보면 '사실·공정·균형·품위'라는 핵심 가치가 실현될 수 있으리라는 신뢰를 주고, 조직원들도 그에 동의할 수 있을 만하죠. 그걸 정당성(Legitimacy)이 있다고 하죠.

예를 들어 삼성, 현대와 같은 기업은 인사를 '공정하게'

한다고 해도 내부 조직원들은 그 가치를 진심으로 받아들이기 어렵습니다. 재벌이라는 독특한 세습 체제를 가진 조직이기에 아무리 핵심 가치가 '공정'이라고 주장해도 그 실천 과정에서 현실과 괴리가 있기 때문에 신뢰성이 떨어집니다.

예를 들어 '나눔과 상생'을 핵심 가치로 두고 있는 한화나 '고객 최우선'을 핵심 가치로 표방하고 있는 대한항공이 보여 준 최근 일련의 사태도 그것을 증명합니다. 그런데 손석희 사장의 경우, 내부 구성원들에게 손 사장 개인의 발자취가 그 조직의 가치, 그 리더가 주장하는 가치와 부합된다는 게 어필이 됐죠.

폴인 그러니까 핵심 가치를 강조하느냐 아니냐보다 핵심 가치를 어떻게 실현하는지가 더 중요한데, 기업의 리더가 핵심 가치를 주장하기에 정당성이 있는 인물이어야 실현이 가능하다는 말씀이시군요. 그런 면에서 JTBC는 손석희란 인물이 리더가 되었기에 핵심 가치를 실현할 수 있었던 거고요.

이무원 네. 리더가 우선 정당성이 있어야 구성원도 그 가치에 동의하고 자발적으로 실현할 힘을 갖게 돼요.

폴인 그렇다면 실제로 당시 조직원들 분위기는 어땠는지 궁금하네요. 핵심 가치가 공표된 이후 실제로 뉴스를 제작하는 기준이 바뀌었나요?

김필규 제가 직접 후배들을 붙잡고 물어보진 않아서 모르겠지만 그랬던 것 같습니다. 최소한 저는 그랬고요(웃음). 일단 그렇게 가치가 가시적으로 제시되니, 저뿐 아니라 조직원 모두가 은연중 마음속에 그런 생각을 품었던 것 같아요. 뉴스 리포트를 만들 때뿐 아니라 일상적인 취재 과정에서도 말이죠.

저는 핵심 가치가 발표된 이후 뉴스를 만들 때 '이렇게 하면 우리 뉴스가 품격이 없다는 평가를 받겠구나'라는 점을 염두에 둡니다. 꼭 손 사장이 진행하는 뉴스룸뿐 아니라 다른 프로그램에서도 너무 자극적인 기사, 지저분한 기사는 알아서 다루는 것을 피해요. 낮 시간대 뉴스쇼 프로그램에서도 패널을 섭외할 때 상당히 신경을 썼지요. 아무리 말을 재미있게 하는 출연자라고 해도 막말 경력이 있거나 지나친 정파성으로 논란이 되는 인물이라면 섭외하지 않습니다. 그러다 보니 다른 낮 뉴스보다 다소 재미가 떨어질 수는 있겠지만 어쩔 수 없는 일이었어요. 어찌 보면 JTBC 보도국이 추구한 네 가지 가치는 특별한 기술은 아니었던 것 같습니다. 그저 뉴스의 본질로 돌아가자는 것 아니었을까 싶습니다. 그리고 그런 가치를 시청자들이 인정해 주셨던 것 같고요.

핵심 가치를
시스템처럼

폴인 앞서 핵심 가치를 강조하는 것보다 핵심 가치를 수행하는 게 더 중요하다고 말씀하셨습니다. 또 그 가치를 주장하는 리더가 정당성이 있어야 한다고도 하셨죠. 이에 더해 핵심 가치를 수행하는 데 리더의 정당성 외에 필요한 다른 요소가 있을까요?

이무원 리더가 지속적으로 핵심 가치를 상기시키고 조직원들이 실천에 옮길 수 있도록 해 줘야 합니다. 그러려면 내부적으로 기준이 있어야 해요. 또 한 가지 더 중요한 것은, 가치를 구현해 나가는 절차가 매번 리더 한 명의 결정에 기대어 있는 게 아니라 시스템화되어 있어야 한다는 점입니다.

폴인 JTBC가 그렇게 했는지는 김필규 앵커께 여쭤볼 수 있겠네요. 내부적으로 그런 기준을 세우기도 했나요?

김필규 일반적인 기준을 만들어 조직원들이 공유하기도 했고, 그때그때 맞춰 제시되기도 했습니다. 그런데 뉴스라는 게 정말 다양한 상황에서 벌어지고, 때마다 전개 양상도 다 달라서 예측이 어려워요. 그래서 모든 경우를 꿰뚫는 하나의 지침을 만들기는 쉽지 않고, 상황에 맞춰 가장 적합한 기준을 세우는 것도 상당히 중요하죠.

예를 들어 2014년 세월호 참사 당시에 단원고 학생의 부모님 몇 분이 학생이 마지막 순간 찍었던 휴대전화 동영상을 전해주셨습니다. 참사 직전의 분위기를 알 수 있을 뿐 아니라 참사의 원인을 밝힐 단초가 될 수 있는 중요한 영상이었죠. 이걸 보도할 때 상당히 조심했습니다. 영상을 전부 공개하지 않았고, 학생의 목소리도 변조했죠. 보호자가 공개를 동의하고 건네 준 영상이었지만 TV 화면을 통해서 그것을 다시 봤을 때 받으실지도 모를 상처, 시청자들이 받게 될 충격 등을 고려했죠. 이처럼 중요한 사건이 발생해 세간의 관심을 받는 보도를 하게 됐을 때 상황에 맞는 내부적인 보도 기준을 세웠습니다.

세월호 참사를 보도할 당시, 모 방송사에서는 현장 중계 후 자신들끼리 웃으며 이야기를 주고받는 모습이 카메라에 실수로 그대로 노출돼 구설에 오르기도 했어요. 저희는 기사 내용뿐 아니라 취재 태도 면에서도 조심하도록 당부했습니다.

한국 사회에 미투 운동을 촉발시킨 서지현 검사 건을 보도한 뒤에도 그랬습니다. 이후 성추행, 성폭행 관련한 제보가 쏟아져 들어왔지만 저희가 세워 놓은 기준에 맞춰서 보도했습니다. 미투 운동의 본질과 벗어나는, 다소 자극적인 제보도 많았지만 그런 건은 보도하지 않았죠.

폴인 시스템화는 어떤가요. 아까 이무원 교수님께서 시스템화가 중요하다고 하셨는데, 김필규 앵커가 보시기에는 JTBC의 의사 결정 절차가 시스템화되어 있나요?

김필규 보도 기준을 설정하는 것에 대해 말하자면, 보통 손 사장이 보도 기준을 제안하고 국장단, 부장단이 모여 협의를 합니다. 그 과정에서 저널리즘 학자와 교수들의 의견을 반영하고요. 이 부분을 잘 공유하는 게 중요하다고 생각해서 최근에는 저희 보도국 전용 애플리케이션을 따로 만들었습니다.

그동안은 어떤 지침이 있으면 그냥 카카오톡 메시지 등을 통해 공유했어요. 하지만 이를 수시로 보면서 숙지하자는 차원에서 따로 비용을 들여서 애플리케이션을 만들었어요. 특정 중요 이슈에 대한 보도 기준뿐 아니라 기자들이 쉽게 틀리는 표현, 리포트 제작에서 주의할 점 등도 함께 공유를 합니다. 실제 기자들이 자주 앱에 들어가서 확인을 하는지, 접속 빈도수도 파악하겠다고 했는데 실제 그렇게까지 하고 있는지는 모르겠습니다(웃음).

폴인 어느 정도 시스템화되어 있거나 시스템화하려는 노력을 했다는 말씀이군요. 이무원 교수님은 어떻게 보시나요. JTBC가 스스로 강조하는 핵심 가치를 잘 수행해 냈다고 보시나요?

이무원 가치 구현이 속인적으로 이루어지고 있는지, 조직 구조 내에 시스템화되어 있는지가 중요한데요. 저는 JTBC가 구조적으로 그런 노력을 했다고 생각해요. 많은 조직이 어떤 일이 발생했을 때 리더가 나서서 '해도 되는 것과 안 되는 것'을 그때그때 결정해요. 리더 한두 사람에게 기준을 기대어 간다는 거죠. 하지만 기준을 구조적으로 시스템화할 경우, 내부에서 어떤 결정이 단순히 리더의 지시에 따르는 게 아니라 공정한 시스템을 거쳐 나온다는 걸 인정할 수 있게 되죠. 내부에서 이것을 인정하는지가 무척 중요해요. 특히 공정·균형과 같은 가치는 매우 주관적이어서 조직에서 합의된 가이드라인과 규칙을 만드는 게 더욱 중요합니다. JTBC는 손석희 사장이 보도 기준을 개인적으로 지시한 게 아니라, 시스템적으로 생성되도록 노력을 했다고 봐요. 특히 국내 조직의 의사 결정 방식은 해외 선진 기업에 비해 속인적인데, 저는 JTBC뿐 아니라 한국의 모든 조직이 의사 결정 구조를 시스템화한 조직이 되면 좋겠어요.

김필규 한 조직 내 구성원들이 공유하는 가치가 있다는 건 좋은 유산인 것 같습니다. 알고 지내는 워싱턴포스트 기자가 있는데, 언젠가 워싱턴포스트 사옥에 새겨져 있는 글귀를 사진으로 찍어 본인 SNS에 올렸더군요.

"The truth, no matter how bad, is never as dangerous as a lie in the long run."

진실이 아무리 추악하더라도 길게 보면 거짓말보다 낫다는 말이죠. 이 신문 편집장이었던 벤 브래들리(Ben Bradlee)가 한 말입니다. 벤 브래들리는 국내에도 개봉했던 영화 〈더 포스트〉의 주인공이죠. 베트남 전쟁을 기획한 기밀문서인

워싱턴포스트 사옥 벽면 글귀, 출처 : Shutterstock

'펜타곤 페이퍼'를 파헤쳐 보도하고, 닉슨 대통령을 물러나게 한 '워터게이트 사건 특종'을 이끈 인물입니다. 워싱턴포스트는 그런 그의 말을 편집국 벽에 새겨 넣은 거예요. 아마도 그걸 볼 때마다 워싱턴포스트 기자들은 마음을 다시 한번 다잡지 않을까 싶습니다. 그 당시의 기억을 공유하는 계기도 되고요. 물론 편집국을 방문한 사람들에게 보여줄 만한 거리도 될 테고요(웃음). 저희도 나중에 '사실·공정·균형·품위'를 벽에 새겨 넣었으면 좋겠다고 생각했습니다.

이무원 네. 그런 측면에서 저도 JTBC가 특히 품위라는 가치를 말한 게 참 좋았습니다. 한국의 많은 언론사들, 더구나 지상파 방송까지도 가끔 황색 저널리즘을 보여줄 때가 있어요. 그럴 때마다 많은 분들이 실망스러워하죠. 우리가 뉴욕타임스나 CNN과 비교했을 때 부족한 가치는 바로 '품위'가 아니었나 하는 생각이 듭니다. JTBC 뉴스를 볼 때는 소위 "저걸 방송사에서 왜 다루지?"라는 생각이 드는 리포트가 없어요. 그게 바로 품위고, 이런 가치 구현이 결국 JTBC의 이미지로 연결되죠.

폴인 각 기자들이 개인적으로도 품위를 지키기 위해 노력하고 있는지 궁금하네요.

김필규 대통령 비선 실세 태블릿PC 보도 이후에 손 사장이 전 조직에 보낸 메일이 있습니다. 내용은 다음과 같습니다.

───────────── ∙ ─────────────

어제 이후 JTBC는 또다시 가장 주목받는 방송사가
돼 있습니다. 채널에 대한 관심은 곧바로 구성원에 대한
관심으로 이어집니다. 겸손하고 자중하고 또 겸손하고

자중합시다. 만나는 모든 이들에게 그렇게 해야 합니다.
취재 현장은 물론이고 길 가다 스쳐 지나는 사람들에게까지도.
사실 이건 가장 신뢰받는 뉴스로 꼽힐 때부터
하고 싶은 말이었습니다. 제 자신이 잘 실천을 하고 있는지
모르겠으나 JTBC맨이라면 이젠 당연히 그렇게 해야 합니다.
보는 눈 많고 듣는 귀도 넘쳐나니 언제든 시빗거리가 있으면
엄청나게 큰 반발로 우리를 덮쳐 올 것입니다.
게다가 금주 들어 내놓고 있는 단독 보도들은 사람들을
속 시원하게 하는 면도 있지만 동시에 깊이를 알 수 없는
자괴감에 빠지게도 하는 내용들입니다. 우리는 본의 아니게
사람들에게 치유하기 어려운 상실감을 던져주고 있기도
한 것입니다. 그러니 우리의 태도는 너무나 중요합니다.
겸손하고 자중해도 우리는 이미 JTBC맨이라는 평가를
받고 있으므로 손해 볼 것이 없습니다. 그럼…

———————————————— ⋮ ————————————————

　　사장이 이런 메일을 보냈는데 어길 조직원은 없겠죠? (웃음) 그런데 이전부터도 후배 기자들이 대부분 이런 생각을 견지하고 있었던 것 같습니다. 특히 세월호 참사나 국정 농단 사건 등 큰 사건을 함께 겪으면서 그래야 한다는 점을 공유하게 됐고요.

핵심 가치의 정당성 확보

폴인 JTBC에 대한 신뢰가 높아질수록 기자들도 더욱 조심하는 분위기가 생겼을 것 같습니다. 그도 그럴 것이, 실제로 JTBC가 실수하는 경우에는 다른 언론이 실수하는 경우보다 보도가 크게 되기도 하는 것 같아요. 보통은 미디어 비평 매체나 프로그램에서 다루는 문제인데, JTBC의 경우에는 주요 매체들도 JTBC의 실수나 사과를 다루죠.

김필규 네. 그런 분위기가 있습니다. 그동안 JTBC와 관련된 일이면 크게 보도되는 일이 많았습니다. 기자 개인에 대한 관심도 유독 많은 편이고요. 아마도 손 사장 스타일이 기자들 캐릭터를 잡아 주고 부각시켜 주는 일이 많아서 그런 것 같아요. 또 유독 JTBC 기자들에게 시청자들이 기대하는 바도 크기 때문인 것 같습니다.

이무원 심리학에서 이야기하는 것 중에 '기대치 위반 효과(Expectancy Violation Effect)'라는 게 있어요. 인간이 일반적으로 어떤 일에 대해서든 기대와 예상을 하게 되는데, 이걸 긍정적으로 위반하면 호감이 높아지는 반면 부정적으로 위반하면 반감이 든다는 거예요. 평판이 좋은 사람이나 조직에 대해서는 일반적으로 긍정적인 기대를 하게 되는데, 이런 경우에 부정적인 사건이 발생하면 반감이 더 크게 드는 거죠. 똑같은 사건이 터져도 기대치가 높으면 기대에 대한 위반(Violation) 정도가 커지기 때문에, 더 큰 타격을 받는 거예요.

폴인 JTBC에 대한 기대치가 높아질수록 다른 언론사와 비슷한 실수를 하더라도 더 큰 타격을 받을 수 있다는 것을 설명할 수 있는 이론이군요.

김필규 아무래도 스캔들 한 번에 큰 타격을 입을 수 있다는 위기의식이 조직 내부에 있어요. 그래서 조직 구성원들 개개인이 품위를 지킬 수밖에 없는 수준으로 감시 효과가 발동하고 있다고 생각해요.

JTBC는 국정 농단 당시 최순실 태블릿PC 사건, 미투 운동 등에 대한 보도를 선도적으로 했기 때문에 자연스레 사회적 기대치가 높아졌어요. 조직 구성원들도 그걸 알기 때문에 이런 문제에 자연스럽게 더 민감해졌다고 봅니다.

이무원 제 박사 학위 졸업 논문 제목이 'The Liability

of Good Reputation'이에요. 간단히 말씀드리면, 기업의 평판은 소중한 자산이지만 경우에 따라서는 큰 부채가 될 수 있다는 내용입니다. 평판이 좋은 기업이 스캔들에 연루되었을 때 더 큰 타격을 받을 수 있어요. 좋은 평판에 따르는 기대치나 책임이 있기 때문에 평판이 좋지 않은 기업과 같은 스캔들을 겪더라도 사람들에게 더 큰 실망감을 안겨 줄 수 있죠.

JTBC가 현재의 좋은 평판을 유지하면서 잘되면 잘될수록 외부 감시망은 더욱 견고해질 거예요. 다른 방송사들과 똑같은 잘못과 실수를 범해도 더 심하게 채찍질 받을 거고요. 외부에서 약점을 잡으려고 덤벼들 수 있고요.

김필규 저도 시청자들의 기대를 실감해서 더 조심하게 됩니다. 얼마 전 저희 정치부 기자들끼리 회사 근처 막회집에서 저녁을 먹고 있는데 거나하게 취하신 손님 일행이 저희를 알아보고 너무 반가워하며 오셨습니다. 거의 합석 비슷하게 돼 저희끼리 하려고 했던 이야기를 못하기도 했죠. 이런 일이 종종 있는데, 언제까지 이렇게 환영과 응원을 받을 수 있을까 하는 생각에 더욱 감사한 마음이 들고, 셀카 찍자고 하시면 잘 응해 드리기도 하죠.

물론 완벽할 수는 없습니다. 조직 역량이 부족한 탓에 실수도 많았습니다. 결과적으로 그런 가치를 지키지 못한 경우도 있었을 것입니다. 하지만 앞서 이야기한 JTBC 보도국이 추구하는 가치를 조직원들이 모두 마음에 품고 있고 지금도 보도에 반영하려고 한다는 사실은 분명합니다.

이무원 경영학적으로 좀 더 이야기해 볼게요. 일반적으로 JTBC 같은 기업 조직의 생존과 성공을 이야기할 때 효율성(Efficiency)만을 강조하는 측면이 있는데, 실제로 조직의 정당성(Legitimacy) 확보도 매우 중요한 요건입니다. 조금 강하게 이야기하면 어떤 조직은 정당성으로 살아간다고도 할 수 있죠. 효율성과 정당성이 둘 다 기업의 생존에 매우 중요한 요소인데, 기업 조직이 사회와 떨어져 있을수록 효율성이 더 중요시되고, 사회와 밀접하게 닿아 있을수록 정당성이 중요하게 작용합니다.

폴인 방송은 사회와 밀접하니까 정당성이 더욱 중요하겠군요.

이무원 네. 말씀하신 대로 방송은 사회와 매우 밀접한 관계에 있기 때문에 정당성은 방송사의 생존에 핵심 요소라고 볼 수 있어요. 그리고 JTBC는 그 정당성을 축적해 왔어요.

국정 농단 사태 때, 촛불집회 장소에서 시민들이 JTBC 취재진에게만 환호하면서 길을 내줬던 일, '뉴스는 JTBC'라는 인식이 생긴 것, 이런 것들이 JTBC가 축적해 온 정당성을 보여 주는 거예요. 이 정당성이 JTBC에는 엄청난 자산이고 시청률을 높이는 역할도 해요. 하지만 만약 JTBC가 지금까지 쌓아온 정당성에 위배되는 모습을 보여 줄 경우 엄청난 후폭풍을 겪게 될 것입니다. 그걸 생각하면, 정당성을 단순히 자산으로만 인식하고 안주하면 안 됩니다.

김필규 JTBC가 정당성을 쌓을 수 있었던 데는 리더의 확신도 정말 중요하게 작용했다고 봅니다. 세월호 참사 때 앵커가 직접 팽목항으로 내려가 현장 방송을 했는데, 우리 역량과 설비로는 굉장히 위험한 일이라고 생각했고 반대도 있었는데 손 사장은 밀어붙였어요. 이 정도는 할 수 있어야 정상적인 채널이라고 생각했던 거죠.

지난 대선 때 광화문에 오픈 스튜디오를 만든 것, 또 북·미

정상회담 당시 싱가포르에 오픈 스튜디오를 연 것도 여러 걸림돌이 예상됐지만 다 추진했고 성공적으로 마칠 수 있었습니다.

이무원 손 사장 자체가 정당성을 확보한 리더이기 때문에 가능했다고 볼 수 있습니다.

김필규 개인적으로는 사실·공정·균형·품위라는 JTBC 뉴스의 가치와 그 실행 과정이 밀레니얼들의 가치 기반 소비와도 맞물려서 더 효과가 극대화되지 않았나 싶어요.

이무원 소비 행태가 가치 중심으로 바뀌다 보니, 요즘 기업 경영에서 가치경영이 중요하게 여겨지고 있죠. 그런데 우리나라 기업에선 오히려 사라지고 있는 역주행의 모습을 보이고 있는 것 같아요. 미국의 아마존·구글·애플·나이키 같은 기업이 표방하는 모토는 뚜렷한 반면, 국내 대표 기업의 가치경영 색깔은 점점 옅어지고 있어요. 예를 들어 삼성·SK·현대 등 한국의 대표적인 대기업은, 설립자가 경영하던 시점에 추구하던 가치는 분명했는데 2세·3세로 리더십이 세습되면서 그 가치가 퇴색되었어요. 가치경영의 지속성을 염두에 두고 리더십을 이양한 게 아니라 그냥 혈연에 기반해 리더십을 세습했으니, 어쩌면 당연한 현상인 거죠.

그런 의미에서 가치경영을 말로만 할 게 아니라, 기업이 내세우고자 하는 가치에 부합하는 정당성 있는 경영인을 세우는 것도 기업이 가치경영을 회복하는 중요한 수단이 될 것 같습니다. JTBC는 손석희 사장 같은 리더들이 존재함으로써 굳이 기업 차원에서 가치를 소리 높여 말하지 않더라도 자연스레 드러나게 되고, 일반 대중에게도 각인되는 거죠.

폴인 뉴스의 본질적 가치를 제시하고 조직 내에서 그것이 실현될 수 있도록 구조적으로 시스템을 구축했던 것이 JTBC가 하나의 브랜드로서 차별화할 수 있었던 요인이라고 정리할 수 있을 것 같습니다. 그것이 결국 외부적으로도 지지를 얻게 되었고요.

모두를 위한
조직이란

스타 언론인 손석희,
리더 손석희

"20세기형 조직은 '기획'과 '실행' 부서가
분리되어 있어 결과에 대한 책임을 서로 미룹니다.
하지만 기획과 실행을 하나의 부서에 전부
위임하면 실패 원인에 대한 분석이 정확해집니다."

_이무원 연세대 교수

〈시사저널〉이 매년 실시하는 '가장 영향력 있는 언론인 조사'에서 손석희 JTBC 보도담당 사장은 2018년에도 1위를 차지했다. 14년 연속 1위다. 지목률은 72.1%로 6.4%에 불과한 2위보다 월등히 높다.

지목률에서는 매년 차이가 있지만, 그는 JTBC 보도담당 사장으로 자리를 옮기기 전부터 이미 오랫동안 영향력 있는 언론인이었다. 2013년 그의 JTBC 이적 소식에 부정적인 반응이 다수였던 건 그래서였다. 가장 믿을 만한 언론인이 당시 신뢰도 최하위 수준이었던 종편으로 옮긴다니, 그런 반응이 당연했을지도 모른다.

당시 진보 논객 진중권은 손석희의 JTBC행을 두고 "결국 손석희가 바꾸느냐, 손석희가 바뀌느냐의 문제"라고 말했다. 그리고 5년이 지난 지금까지 손석희는 여전히 영향력 있는 언론인으로 남았다. 그리고 전체 뉴스룸의 신뢰도를 끌어올렸다. 많은 이들이 인정할 것이다. 손석희가 바꿨다.

여기서 중요한 것은 손석희가 어떻게 바꿨느냐는 것이다. 이것은 단순히 스타플레이어의 이적이 아니다. 유명 가수가 기획사를 옮겨 새 기획사를 먹여 살렸다는 단순한 이야기가 아닌 것이다. 스타 언론인 손석희가 JTBC에서 맡은 역할은 스타가 아닌 리더였기 때문이다. 편집권과 인사권을 쥔 경영인의 자리였다. 많은 이들이 우려했던 것도 그가 경영진의 자리에 섰다는 점이었다.

이번 대담에서 리더로서의 손석희를 조명하는 것은 그래서다. JTBC 뉴스가 하나의 브랜드가 될 수 있었던 이유를 알기 위해서는, 스타 언론인으로서의 손석희가 아닌 리더로서의 손석희가 어떻게 조직 문화를 형성했느냐를 분석해야 하는 것이다.

사실 손석희처럼 대외적으로 강한 이미지를 가진 리더가 있는 조직은, 조직보다 그 리더 개인의 탁월함이 부각되는 경향이 있다. 그래서 대중적으로 잘 알려진 리더는 항상 조직에 무거운 숙제를 안긴다. 그 리더만큼의 카리스마를 가진 사람이 그 자리를 대체하지 않는다면, 항상 내외로부터 '리더십의 부재'를 지적받을 가능성이 있기 때문이다. 손석희가 없는 JTBC에 대한 상상이 어려운 것도 JTBC 뉴스룸이 안고 있는 큰 고민 중 하나다.

또 대중적 영향력이 큰 리더는 리더의 행동 하나하나가 그 조직의 평가, 심지어 기업 가치에까지 영향을 미칠 수 있다. 최근 대외적으로 강력한 리더십을 보여온 일론 머스크, 마크 저커버그 등 실리콘밸리 최고경영자들이 조직 내외부의 논란에 휘말리며 기업 가치를 추락시킨다는 비판을 받고 있는 것을 보면 대중적 리더가 조직에 미치는 영향의 양면적 속성을 잘 알 수 있다.

손 사장은 대외적인 인터뷰에서 틈이 날 때마다 직원들을 '최고의 저널리스트'라고 칭찬하며, 자기 혼자가 아닌 '다 같이' 노력하고 있다고 강조한다.

"나도 언젠가는 물러난다. 그때까지 매일
뉴스 클로징에서 하는 말처럼 최선을 다할 거다.
그런데 그 주체를 늘 '저희 JTBC 기자들은…'라고
붙인다. 나만 노력하는 게 아니라 우리 모두
노력하고 있다. 그 이상의 대답이 있을까 싶다."
_손석희 JTBC 대표이사 사장

스탠퍼드 경영대학원과 함께 JTBC 케이스 스터디를 진행한 이무원 교수 역시 이번 대담에서 "손석희 사장의 이미지와 기획력으로 모든 일이 잘 돌아갔다고 할 게 아니라, 그가 조직에 과연 긍정적인 역할을 미쳤는지를 분석해야 한다"고 강조한다.

리더십은 조직에
어떤 영향을 미치나

폴인 JTBC 뉴스의 최고 강점은 손석희 사장이지만, 동시에 최고 약점도 손석희 사장이 될 수 있을 것 같습니다. 많은 부분을 의존하고 있기 때문에 손 사장 부재 시 큰 위기가 닥칠 수 있다는 이야기도 나오니까요. 손 사장이 휴가를 가는 바람에 뉴스룸을 비운 게 큰 뉴스가 될 정도잖아요.

김필규 부인할 수 없는 이야기입니다. 지금 제가 진행하는 주말 뉴스룸만 해도 손 사장이 앵커로 나서 진행하는 주중 뉴스룸에 비해 평균적으로 2~3%P 정도 시청률이 차이가 납니다. 보도국의 의사 결정 방식과 업무 시스템뿐 아니라 채널 전체 이미지 면에서도 손 앵커가 차지하는 비중이 큰 건 사실입니다. 현재로서는 분명히 손 사장이 없는 뉴스룸과 JTBC는 생각하기 힘든 상황이죠. 그래도 시스템을 만들기 위해 노력하고 있어요. 현재도 큰 틀에서는 손 사장이 결정을 내리지만, 실무적인 결정은 기자들에게 상당히 많은 부분을 위임합니다.

폴인 손 사장은 평소 기자들에게 '사장'이 아니라 '손 선배'라고 부르게 하고, 샌드위치 미팅이나 치맥 미팅을 한다고 들었습니다. 젊은 기자들과 함께한 자리에서 "젊은 게 자랑이냐"며 농담을 주고받는 영상이 공개돼 JTBC 내부 분위기가 관심을 끌기도 했죠.

　　김필규 사실 상대적으로 신생 조직이라 리더 한 사람에게 상당히 의존하는 면이 여전히 있는 게 사실입니다. 하지만 가끔은 좀 당황스러울 정도로 의사 결정을 직원들에게 전적으로 맡기기도 합니다. JTBC 낮 뉴스 중 〈5시 정치부회의〉(이하 〈정치부회의*〉)라는 프로그램이 있는데, 실제 정치부 부장에게 각 반장들이 오늘의 뉴스거리에 대해 보고하고 회의하는 형식으로 진행됩니다. 반장은 청와대 반장, 국회 반장처럼 출입처별로 해당 출입처 취재 반장이 있어요. 저와 남궁욱 기자 등 몇몇 정치부 기자가 주축이 되어 준비했고 2014년 3월에 첫 방송이 나갔어요. 이것도 손 사장은 큰 틀이 결정된 이후엔 세세한 부분에 대해 전혀 개입을 안 했습니다. 손 사장은 그저 기자들에게 "너희들이 한번 만들어 봐라"는 지시 외에는 아무 가이드라인도 주지 않았어요.

---

* 2014년 4월 7일 〈4시 정치부회의〉로 시작했으나 2014년 9월 22일부터 〈5시 정치부회의〉로 변경돼 평일 오후 5시 10분부터 1시간 20분 동안 방영되고 있다.

폴인 마이크로 매니지먼트를 하지 않는다는 거군요. 요즘은 '위임의 리더십'이 확실히 화두이긴 한 것 같아요.

이무원 혁신을 가능하게 하는 시스템을 만들어주는 리더가 가장 좋은 리더라고 생각하는데, "굳이 나한테 와서 일일이 보고할 필요 없다. 알아서 판단하고 처리해라"라는 태도로 세세한 것까지 간섭하지 않는 리더십이 혁신 조직에 잘 맞아떨어지는 리더십이에요. 손석희 사장도 그런 면에서는 긍정적으로 평가할 수 있어요.

학계와 산업계에서는 제프 베조스를 엄청 카리스마가 강한 재능 있는 리더로 포장하면서 학습의 대상으로 제시하고 있어요. 그런데 저는 베조스의 리더십에 대해서는 최근 CNBC의 '베조스, 워런 버핏 혹은 브랜슨 : 당신은 어떤 리더십인가?'라는 글의 분석이 더 정확하다고 생각해요. 그 글에서는 베조스를 '협업적 리더'라고 말하고 있어요.

개인적으로 2010년 5월 프린스턴 대학 졸업식에서 했던 베조스의 명연설을 잊을 수가 없는데, 'We are what we choose'라는 제목의 그 연설에서 그는 쉽게 주어지는 재능보다 스스로 내리는 결정이 중요하다고 강조하면서 학생들에게 자신만의 결정으로 인생을 만들어가라고 독려했어요. 그 연설을 리더십에 적용해 생각해 보면, '훌륭한 리더십은 재능이 아니라 어떤 선택을 하느냐에 달렸다'고 할 수 있을 것 같아요. 카리스마는 리더가 가질 수 있는 하나의 재능적 특성에 불과한 거죠.

오히려 조직 내 혁신을 지속하기 위해서는 혁신을 방해하는 위계 문화가 들어오면 그걸 강하게 막겠다는 선택을 한 것이 제프 베조스의 리더로서의 철학이죠.

김필규 성과를 낼 때까지 손 사장이 조급해 하지 않고 기다려 준 면도 있습니다. 〈정치부회의〉 방영 초기에 온라인과 SNS의 반응은 뜨거웠는데, 낮 시간대 주요 시청자인 중장년층의 시청률은 저조했어요. 타 방송사 낮 뉴스에서는 다소 나이가 지긋한 평론가들이 나와 정치 이야기를 했는데, 저희는 현장 경험이 있는 젊은 기자들이 직접 취재한 내용을 바탕으로 정치 뉴스를 쉽게 풀어 설명해 주는 콘셉트를 지향해서 그랬나 싶었어요. 그러고서 한 달 뒤 세월호 참사라고 불리는 엄청난 사고가 발생해서 두 달 정도 〈정치부회의〉를 쉬었어요.

그런데 손 사장은 시청률에 대해 이야기한 적이 없어요. 초기에 덜컹거림이 있기는 했지만 프로그램의 포맷 자체에는 문제가 없다고 판단하고 계속 믿고 기다려줬어요. 결국 〈정치부회의〉는 잘 안착했고, 지금은 JTBC의 간판 뉴스쇼가 됐습니다(방송통신위원회가 발표한 '2017년도 N스크린 시청 행태 조사 결과'를 보면, 스마트폰이나 PC, VOD 등 'N스크린'을 통해 가장 오래 본 뉴스는 압도적인 수치로 JTBC 뉴스룸이다. 그다음 2위가 KBS 9시 뉴스, 3위가 SBS 8뉴스였는데, JTBC 정치부회의가 4위다. 메인 뉴스가 아닌 시사보도 프로그램에선 유일하게 이 부문 상위권에 올랐다).

이무원 저도 손 사장의 그런 위임적이고 포용적인 리더십에 주목합니다. 스티브 잡스(Steve Jobs)처럼 "남이 뭐라든 불굴의 의지로 밀어붙인다"는 식의 리더십은 그리 장려할 만한 리더십이 아니라고 생각해요.

심지어 스티브 잡스가 실패를 거듭할 때는 모두 그의 리더십을 독선의 리더십이라고 비판했어요. 아이(i) 시리즈가 연달아 히트를 치면서 영웅적인 리더상으로 자리매김했을 뿐이죠. 조금 더 이야기하면, 시대마다 그 시기를 대표하는 바람직한 리더상이 있었어요. 1980년대의 리 아이아코카

(Lee Iacocca), 1990년대의 잭 웰치(Jack Welch), 2000년대의 스티브 잡스가 당시를 대표하는 리더들이죠. 이들 사이에는 성공으로 이끄는 공통된 리더십 요인이 별로 없어요. 저는 이들이 가진 리더십의 어떤 특성이 그들을 성공으로 이끌었다기보다 그들이 이끄는 기업이 성공했기 때문에 그 원인을 리더십에서 사후에 억지로 찾아낸 것이라고 봐요.

손 사장의 경우는 다르죠. 그가 가진 리더십의 특성이 조직에 좋은 문화를 만들었다고 볼 수 있어요.

폴인 그가 직원들에게 많은 부분을 위임하고 실패를 용인했기 때문에 JTBC가 차별화를 이룰 수 있었다는 말씀이군요.

이무원 네. 제가 JTBC 보도국에서 일하시는 다섯 기자분들과 인터뷰를 했는데요. 여러 이야기를 들었지만 모두가 공히 강조한 것이 JTBC의 키워드는 '다양성'이라고 하더라고요. 프로그램의 다양성, 시청자의 다양성, 내부의 다양한 의견에 대한 존중, 이렇게 여러 측면에서의 다양성 추구를 핵심 가치로 삼고 있더라고요. 그리고 프로그램이 실패를 하거나 기자들이 실수를 하더라도 그것에 대해 다그치고 벌을 주는 문화가 아니라, 실패와 실수를 용인하고 다시 기회를 주는 문화를 가지고 있다고 하더라고요. 이러한 문화가 다양성 추구의 실현을 가져왔고, 결국 이러한 문화를 지속적으로 유지하는 리더십이 중요한 것 같아요.

따라서 손석희의 강한 리더십을 강조하고 "손석희 사장의 기획력으로 모든 일이 잘 돌아갔다"라고 할 게 아니라 다양성을 추구하고 실패와 실수를 용인하는 문화를 포용하는 리더십이 조직에 어떻게 긍정적인 역할을 미쳤는지에 초점을 두어야 하는 거죠.

폴인 결국 리더 개인의 역량에 집중할 게 아니라 그 리더의 특성을 통해 조직에 어떤 문화가 정착했는지를 중요하게 보아야 한다는 말씀이군요.

효율성 높은
위임의 리더십

폴인 김필규 앵커는 〈정치부회의〉 CP(Chief Producer)이기도 했지만, 뉴스룸의 간판 코너라고 할 수 있는 팩트체크를 만들기도 했습니다. 손 사장이 다양성을 포괄하고 실패를 용인하는 문화를 만들었던 것이 팩트체크에도 영향을 미쳤다고 볼 수 있나요?

김필규 네. 그렇다고 볼 수 있습니다. 손 사장은 팩트체크를 저에게 맡기면서 코너의 형식, 분량, 함께 일할 스태프 등 모든 걸 다 제 마음대로 하라면서 다만 딱 두 가지 조건만 지켜달라고 했어요. 첫째, 출연하는 기자는 김필규 한 명이어야 한다. 둘째, 매일 진행해야 한다.

상당히 부담되는 위임이었어요. 당시에는 왜 이렇게 가혹한 조건을 내걸었는지 이해하지 못했어요. 몇 개월 지나고 나서야 좀 알 것 같았습니다. 한 명이 진행하다 보니 훨씬 더 책임감 있게 코너를 꾸리게 됐고, 김필규라는 사람의 캐릭터가 만들어질 수 있었어요. 또 매일 하다 보니 시청자들에게 팩트체크라는 개념을 더 빨리 친숙하게 만들 수 있었죠.

사실 팩트체크를 맡아서 한다는 것은 상당히 고된 일입니다. 일단 누군가의 거짓말을 잡아내야 한다는 것부터 부담

출처 : JTBC

인데, 그걸 매일 해야 하니까요. 일반 출입처를 취재하는 기자는 기사를 쓰는 날도 있고 안 쓰는 날도 있습니다. 어려운 기사를 쓰는 날도 있고 쉬운 기사를 쓰는 날도 있죠. 이를테면 강약중강약이 있는 건데, 팩트체크는 매일이 강강강이었던 느낌입니다. 아이템을 찾는 스트레스가 만만치 않았죠.

그럼에도 계속할 수 있었던 이유는 '외부적 요소'가 없었기 때문입니다. 만약 손 사장이 툭 하면 "이거 한번 다뤄봐"라고 '하명'을 했다면, 장기적으로 진행하기가 어려웠을 거예요. 기자 입장에서 누가 지나가며 던지듯이 써보라고 하는 기사가 가장 쓰기 힘든 기사입니다. 손 사장이 아이템을 지시하지 않는다는 게 알려지다 보니, 다른 인사들도 아이템에 개입하는 경우가 거의 없었습니다.

이무원 저는 이런 조직 문화가 JTBC가 차별성을 갖게 된 핵심적인 요소라고 봅니다. 손 사장이 김필규 앵커를 전적으로 신뢰하고 위임해 줬기 때문에, 김필규 앵커가 팩트체크 같은 코너를 본인이 처음부터 기획하고 수행 단계까지 다 해볼 수 있었잖아요. 그렇게 위임의 폭을 넓히고, 실패에 페널티를 주지 않음으로써 다양한 실험을 시도하길 유도하는 게 조직 혁신의 핵심인 것 같아요.

제가 우리나라 여러 대기업을 방문할 때마다 느끼는 게 있어요. 대부분의 임원들이 직원들에게 말로는 전폭적인 위임을 한다고 하면서 실제로는 실패했을 때 페널티를 적용함으로써 다양한 실험을 저해하고 있는 것 같아요. 그리고 바로 그 이유 때문에 결국 혁신을 한다고 말은 했지만 진정한 성과를 내지는 못하는 결과로 이어지는 것 같습니다.

폴인 손 사장이 김필규 앵커를 믿고 전적으로 위임했던 것이 방송 최초의 시도였던 팩트체크가 정착하는 데 긍정적인 역할을 한 셈이군요. 그런데 이야기를 더 진행하기 전에 팩트체크에 대해 간단히 설명해 주시면 좋겠어요.

김필규 팩트체크에 대해 간단히 설명을 드리면, 2000년대 초중반 미국에서부터 본격적으로 시작된 저널리즘의 한 분야입니다. 과거 정치 기사라고 하면 어느 쪽 정치인의 주장을 그대로 옮겨 주고 다른 쪽 정치인의 발언으로 반박하는, 이른바 'He said, She said' 기사였습니다. 그러다 기자가 좀 더 적극적으로 발언 내용에 개입해 참과 거짓을 독자들에게 밝혀주는 기사 형식이 등장했고, 〈워싱턴포스트〉의 '팩트체커'와 〈탬파베이타임스〉의 '폴리티팩트' 등이 큰 관심을 받게 된 겁니다. 한국에서는 2008년, 2012년 대선 등 큰 선거를 거치면서 언론계에서 하나의 중요한 분야로 자리 잡게 된 거고요. 저희도 항상 뉴스 개편 아이디어를 모을 때마다 도입을 고려하던 분야였습니다.

JTBC는 2014년 세월호 참사 보도로 시청자들에게 좋은 평가를 받고 나서, 그해 9월 뉴스를 강화하는 개편을 했습니다. 1부와 2부로 나누어 총 100분 동안 진행되는 지금의 뉴스룸이 탄생했죠. 그런데 아무리 대한민국에 사건·사고가 많다고 해도 매일 100분짜리 뉴스를 만들어 채우는 것은 쉽지 않았습니다. 그래서 2부에는 여러 고정 코너를 넣기로 했어요.

저는 〈정치부회의〉 CP를 하면서 한 6개월쯤 지난 상황이라 일도 어느 정도 손에 익고, 프로그램도 많이 정착돼서 '이제는 좀 쉬엄쉬엄해도 되겠구나' 생각하고 있던 차였습니다. 그런데 어느 날 손 사장이 방으로 부르더니 '폴리티팩트'를 만든 빌 아데어 기자의 인터뷰 기사를 던져 줬습니다. 이런 식으로 정치인 발언을 검증하는 코너를 메인 뉴스에 만들려고 하니 저보고 맡아서 하라는 거였습니다.

폴인 그 이야기를 들었을 때는 어떠셨나요? 쉽지 않은 과제였을 텐데요.

김필규 사실 이야기를 듣자마자 걱정이 많이 됐습니다. 팩트체크를 방송 뉴스에서 하는 선례를 본 적이 없었어요. 미국에서도 인쇄 매체나 인터넷 매체에서 하고 있죠. 게다가 심의가 까다로운 국내 미디어 환경에서 위험할 수도 있는 포맷이라는 생각이 들었습니다.

그래도 팩트체크는 시작이 됐고, 제가 미국으로 연수를

가기 전까지 2년 조금 안 되는 기간 동안 특별한 일이 없는 한 매일, 약 320회를 진행했습니다. 이후에는 후배인 오대영 기자가 맡아서 2년 넘게 팩트체크를 하고 있고요.

폴인 손 사장이 전적으로 위임했던 게 김필규 앵커에게 는 처음에 좀 부담이 되었을 수도 있지만, 조직의 관점에서는 어떤 효과가 있을까요?

이무원 권한 위임을 잘하는 조직은 더 효율적으로 움직일 수 있게 돼요. 조직 내에서는 부서 간 또는 개인 간 책임 소재를 분명히 하는 게 중요한데, 책임을 분명히 하지 않으면 후에 서로 책임을 전가하는 싸움을 벌여 조직의 자원을 소진해 버릴 수 있기 때문이거든요.

20세기형 조직은 그런 경우가 많았습니다. 기획(Planning) 과 실행(Implementation) 부서가 분리되어 있고, 주로 기획 기능이 조직의 상부에 있기 때문에 문제가 발생하면 "기획은 좋았는데 실행 과정이 안 좋았다"면서 조직 하부의 직원들에게 책임을 전가하는 폐단을 쉽게 볼 수 있어요.

하지만 기획과 실행 팀이 함께 일한다든지 한 팀이 기획과 실행을 동시에 하게 되면 실패 원인에 대한 정확한 분석이 용이해져요. 기획 아이디어 자체가 안 좋았는지, 실행 과정에 문제가 있었던 건지에 대해 편견 없는 판단을 내릴 수 있는 거죠.

예를 들면 김필규 앵커 본인이 직접 기획하고 실행해 본 프로젝트의 경우 반응이 안 좋더라도 남 탓을 할 수가 없게 되는 거예요. 그런데 둘을 분리해서 따로 가게 되면, 문제 상황에서 서로 남 탓 하기가 쉬워지죠. 단순히 '누구 탓인지'를 밝히는 것이 중요한 게 아니라, 문제를 정확히 파악하고 분석하기 위해서는 기획과 실행을 같이 할 수 있도록 많은 권한을 위임(Delegation)하는 것이 중요한 거죠.

김필규 권한 위임을 말씀하시니 〈정치부회의〉를 준비할 때가 생각납니다. 〈정치부회의〉에서 사실 그동안 '기술적으로 안 된다'고 하던 것들을 깬 새로운 시도가 나왔어요. 특히 회의를 진행하는 방식으로 촬영을 하다 보니 부장의 등이 카메라에 노출될 수밖에 없고, 부장을 단독으로 찍는 카메라가 반대편 카메라에 노출될 수밖에 없는 상황이었습니다. 기술 부서에서는 난색을 표했지만 "방송국인데 카메라가 노출되는 게 무슨 대수냐"고 주장해 밀어붙였죠.

폴인 또 어떤 시도들이 있었는지 조금 더 설명해 주실 수 있나요?

김필규 스튜디오에서 비디오월과 모니터 등을 적극적으로 활용했고, 무대에서 기자들이 더 적극적으로 움직일 수 있게 했고, 녹화 없이 모든 프레젠테이션을 라이브로 진행하는 등 듣고 보면 별것 아니지만 '기술적으로 안 된다'고 했던 부분을 깨고 시도한 바가 많았습니다.

방송에서 기자들의 프레젠테이션은 움직임 자체가 정적이고 이미 짜여진 각본에 따라 진행되는 게 보통이었어요. 또 기자가 오랫동안 노출되다 보니 생방송보다는 녹화로 하는 경우가 많았거든요. 그런데 〈정치부회의〉에서는 기자들이 좀 더 적극적으로 움직이면서 프레젠테이션을 했어요. 움직임이 자유로워지다 보니 배경에 노출되는 비디오월과 모니터를 더 적극적으로 활용할 수 있었고, 카메라도 그런 동적인 무대를 담아낼 수 있었죠. 또 5시라는 시간 특성상 속보가 들어올 가능성도 높아 녹화가 아닌 라이브로 진행했고요. 프레젠테이션 도중 드라마 명대사를 이용하거나 음악을 넣는 등 정치 이슈에 좀 더 쉽게 접근할 수 있도록 하는 요소를 더하면서 기존의 기자가 등장하는 정치 관련 프레젠테이션 프로그램과 차별화할 수 있었습니다.

함께 성장하는
강력한 조직의 탄생

폴인 조금 특이한 게, JTBC 뉴스는 다른 방송에 비해 유독 젊은 시청층이 많은 것 같습니다.

김필규 미디어 조사업체 닐슨코리아가 낸 '2017 뉴스 이용 행태 보고서'에 따르면 JTBC 뉴스는 40대 시청자의 비율이 66%에 달해 50대 시청자 비율(27%)보다 두 배 이상 높았습니다. 40대와 50대의 시청자 비율이 각각 33% 내외로 비슷했던 지상파에 비해 시청자들의 연령대가 낮다고 볼 수 있죠.

이무원 그렇다면 뉴스를 만들 때부터 젊은 연령층을 염두에 두고 제작을 해서 그런 걸까요?

김필규 보도국은 그렇지 않았습니다. 예능이나 드라마에서는 전체 시청률보다 20~40대 시청자를 중요하게 여겼어요. 하지만 보도국은 조직 성과를 평가할 때도 따로 젊은 층의 시청률을 평가에 반영하지 않았습니다. 그러니 젊은 층만 관심 있을 뉴스를 따로 만들거나 하진 않았죠. 손 사장이 한 언론과의 인터뷰에서 "시청률 때문에 정파성을 이용할 생각은 없다. 보도가 그러면 안 된다"고 말한 적이 있습니다. 마찬가지로 특정 연령층에 맞춘 보도를 해야 시청률이 잘 나온다 하더라도, 그럴 수는 없다고 봅니다.

폴인 수치상 드러나는 것 이외에 실제로 젊은 시청자들에게 인기가 있다는 점을 실감하기도 하나요?

김필규 네. 날씨가 좋은 주말에는 시청자가 유독 많이 빠져나가더라고요(웃음).

폴인 어찌 보면 손 앵커는 뉴스 앵커들 중에서도 최연장자일 텐데요(웃음). 어떤 면에서 젊은 층에게 어필했을까요?

김필규 잘 모르겠습니다. 여러 이유가 있겠죠. 그런데 얼마 전 한 지상파 뉴스가 개편을 하면서 보도국장이 이런 내용의 인터뷰를 한 적이 있습니다.

"지금 방송 뉴스 보시는 분들은 기자가 깔끔하게 녹음하고 거기다 화면을 입혀서 CG 넣은 리포트보다는, 조금 거칠어도 앵커와 기자들이 역동적으로 호흡하고 쉽게 설명해 주는 뉴스를 좋아하는 것 같다. JTBC가 그렇게 바꾸어놓은 면이 있고 전 세계 뉴스 경향이 그렇다. 즉, 기자들이 전면에 나서서 현장에서 호흡하는 모습을 보여 준다. 그런 게 생동감을 불어넣고 현장감을 살려준다."

저도 일정 부분 이런 분석에 대해 공감했습니다. 기존 뉴스에서는 앵커나 출연 기자가 스스로 조금이라도 말을 버벅거리는 것을 굉장히 두려워했던 것 같습니다. 실제로 조금이라도 말을 버벅거리면 시청자 심의실을 통해서 항의 전화가 들어오기도 했어요. 그러다 보면 실수를 줄이기 위해 녹화의 비중을 늘리게 돼서 방송의 생생함이 사라지죠.

그런데 JTBC 뉴스룸은 100분짜리 프로그램인데도 사전 녹화를 하는 부분이 거의 없습니다. 제가 팩트체크를 할 때도 사전 녹화를 단 한 번도 한 적이 없어요. 물론 그럴 형편도 안 됐습니다. 매일 발제해 그날 취재하고 기사 쓰고 CG를 준비하다 보면 사전 녹화를 할 시간이 없었어요.

무엇보다 사전 녹화를 하려면 오후 4, 5시쯤 손 사장에게 미리 분장 받고 스튜디오로 내려오시라고 해야 하는데 그러기가 힘들었던 면도 있습니다. 오후 4시 30분에는 최종 편집회의가 있어요. 이때 중요한 결정이 많이 내려지기 때문에 신경을 많이 써야 하죠. 그래서 이때는 리허설이나 사전 녹화를 하기 쉽지 않아요. 앵커들은 보통 이때부터 바빠지기 시작해요. 그런데 저 편하자고 사장에게 녹화하러 스튜디오 내려오라고 말할 수는 없는 노릇이니까요(웃음).

폴인 기존 뉴스와 다르게 방송의 생생함을 보여 줬기 때문에 젊은 층에게 어필이 되는 게 아닌가 하는 생각이시군요.

김필규 네. 얼마 전에 박성태 기자가 비하인드 뉴스를 진행하던 중 웃음이 터져 한 3초간 말을 못 이었던 일이 있는데, 이 영상에 대한 반응이 폭발적이었습니다. 인터넷 게시판과 SNS에서 회자되면서 많은 사람들이 좋아해 주셨어요. 모든 걸 라이브로 하다 보니 의외로 시청자들이 사소한 실수는 그다지 신경 쓰지 않는다는 것을 알 수 있었습니다.

폴인 그렇게 뉴스룸을 생중계로 하게 된 데는 손 사장의 특별한 방침이 있었나요?

김필규 손 사장이 처음 단독 앵커로 JTBC 뉴스를 진행하게 되었을 때, "약속 대련은 없다"고 공언했어요. 현장 중계를 할 때나 기자가 출연을 할 때 미리 짜여진 대본대로 물어보지 않겠다는 거죠. 처음에는 '정말 그렇게 하려나' 했는데, 실제로 그렇게 했어요. 돌발 질문이 이어지다 보니 기자들은 그 상황에 대처할 수 있도록 준비해야 했습니다. 어떤 질문이 나올지 모르기 때문에 기사로 쓴 것보다 150% 정도는 더 취재를 해야 하는 거죠. 자신이 더 잘 아는 상황에서 기사를 전달할 수 있도록요.

기자 생활 초기에 우연히 CNN의 군사 전문 기자와 함께 판문점에 갈 기회가 있었습니다. 그 기자가 북측 판문각을 배경으로 카메라 앞에 서서 보도를 하는데, 거의 3분 정도의 분량을 원고도 없이, NG도 없이 진행하더군요. 물론 어느 정도 미리 연습을 해 왔겠지만, 기본적으로 기자 본인에게 관련 지식이 축적돼 있기 때문에 저렇게 할 수 있겠구나 하고 생각했습니다. JTBC 기자들도 이런 상황을 계속 겪으면서 한 단계씩 업그레이드하고 있는 것 같습니다.

이무원 생방송을 할수록 실수가 많이 나오기는 하지만,

그 실수를 용인해 주고 계속해서 시도할 수 있게 하면 결국 실수가 줄어듭니다. 한 번 실수했다고 면박 주고 그만두게 하면 학습할 기회도 박탈하는 거죠. 단기적으로는 실수를 하더라도 그것을 통해 학습하고 더 잘하게 된다면, 장기적으로는 훨씬 큰 도움이 돼요. 저는 실수를 하더라도 생중계를 고집한 게 결국 좋은 결과를 가져왔다고 봐요. 이것 또한 JTBC가 다른 뉴스와 차별적으로 구축한 정체성이죠. 시청자들도 이 부분을 인식하고 있고요.

한국 대기업들이 이 부분이 많이 부족해요. 예를 들어 혁신의 시대에는 오픈 이노베이션이 중요하고 오픈 이노베이션을 성공적으로 수행하기 위해서는 스타트업 및 중소·중견기업들과의 파트너십이 필수적이라는 걸 다들 알지만 제대로 못하고 있는데요. 가장 큰 이유는 실패를 용인하는 문화가 부족해서예요. 일반 임원들은 물론이고 심지어 사장, 부사장급에서도 파트너십에 대한 결정을 주저하고 있죠. 파트너십이 실패하면 옷 벗고 회사를 나가야 한다는 두려움 때문이란 게 가장 큰 원인 중 하나예요. 그러니 계속 파트너십을 안 하게 되고, 그 때문에 파트너십 스킬이 늘어날 수도 없는 악순환에 빠져 글로벌 기업과의 혁신 경쟁에서 뒤처지게 되는 거죠.

폴인 손 사장의 리더십과 조직 문화에 관해 중요한 이야기들이 반복적으로 나오는 것 같습니다. 앞서 김필규 앵커도 말씀하셨듯이 손 사장은 조급해 하지 않고 기다려 주는 리더이고, 또 위임을 통해 조직 내에 효율적인 결정이 이루어질 수 있도록 문화를 구축했죠. 그게 구성원들에게도 JTBC 뉴스를 신뢰받는 뉴스로 만드는 데 동기 부여가 되었을 것 같네요.

김필규 사실 세월호 참사 이후에도 시청률에서는 큰 성과를 내지 못했어요. 많은 분들이 진정성 있는 보도에 대해 격려해 주셨지만, 시청률은 3%를 넘기기 쉽지 않았습니다.

신문사에서는 그해 마지막 신문을 발행한 뒤에, 방송국은 그해 마지막 뉴스를 마친 뒤에 보도국에 모여서 서로 수고했다고 냉주 파티를 합니다. 그런데 2015년 연말 뉴스룸이 끝난 뒤에는 뭔가 썰렁하더라고요. 모인 사람도 몇 되지 않았고요. 약간은 서운한 마음도 들고 분하기도 해서 눈물이 날 것 같았어요.

그런데 손 사장은 그렇게 시청률이 고전을 면치 못하는 어려운 상황에서도 계속 강조했어요. "시청률만이 지표가 아니다. 신뢰도, 평판도, 특히 모바일 지표 등에서 우리가 굉장히 앞서 나가고 있다"라고요. 그러면서 보도국이 시청률을 반짝 올리기 위해 우리의 기조를 포기하거나 방향을 바꾸지 않겠다는 걸 명확히 했습니다. 지나고 보니, 그런 기조가 자산이 돼 대통령 비선 실세의 태블릿PC에 대한 특종 기사를 보도할 수 있었고, 국정 농단 사태 당시 신뢰를 얻는 보도를 지속적으로 내보내며 JTBC 뉴스룸의 브랜드를 명확히 할 수 있었던 것 같습니다.

폴인 실제로 JTBC 뉴스는 TV 시청률보다는 인터넷이나 모바일 지표에서 먼저 앞서나갔죠?

김필규 네. 2014년과 2015년에도 그랬고, 지금도 그렇습니다. 방송통신위원회에서는 매년 스마트폰·PC·VOD 등 TV 이외의 다양한 기기, 즉 'N스크린'에서 방송 프로그램을 시청한 시간을 측정하는 'N스크린 시청 행태 조사'를 내놓습니다. 2017년 N스크린 시청 행태 조사 결과에 따르면 보도 부문에서 JTBC 뉴스룸이 PC와 스마트폰을 모두 포함해 압도적인 수치로 1위를 기록했어요. 스마트폰의 경우 뉴스룸은

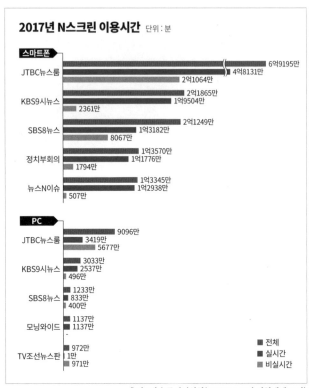

2017년 N스크린 이용시간 단위 : 분

스마트폰

JTBC뉴스룸
6억9195만
4억8131만
2억1064만

KBS9시뉴스
2억1865만
1억9504만
2361만

SBS8뉴스
2억1249만
1억3182만
8067만

정치부회의
1억3570만
1억1776만
1794만

뉴스N이슈
1억3345만
1억2938만
507만

PC

JTBC뉴스룸
9096만
3419만
5677만

KBS9시뉴스
3033만
2537만
496만

SBS8뉴스
1233만
833만
400만

모닝와이드
1137만
1137만
-

TV조선뉴스판
972만
1만
971만

■ 전체
■ 실시간
■ 비실시간

출처 : 방송통신위원회(2017 N스크린 시청행태 조사)

2017년 1년 동안 6억 9195만 분(실시간과 비실시간 포함)의 시청
시간을 기록해 2위인 KBS 9시 뉴스 2억 1865만분을 크게 앞
섰고요.

이무원 어떤 상품이든 상품이 등장한 초창기에는 그 상품이나 상품을 생산한 조직의 정체성이 모호해서 대규모의 소비자가 모이기 힘들어요. 뭔지 모르니까 선뜻 손이 가지 않는 거죠. 그런 상황에서도 그 상품에 관심을 가져 주는 '얼리어답터(Early Adopter)가 있죠. 방송이나 뉴스에도 마찬가지로 얼리어답터들이 존재해요. 초창기에, 즉 정체성이 제대로 구축되기 전부터 시청하는 사람들을 얼리어답터라고 볼 수 있죠. 새로운 채널과 프로그램이 나왔을 때, 이것이 얼리어답터들을 얼마나 끌어모으는지, 그리고 그들에게 미치는 영향력이 얼마나 되는지만 잘 파악하면 향후 성과를 가늠할 수 있는 것 같습니다.

결국 방송의 성과 지표도 초기 시청률 외에 인터넷 유통 상황이나 영향력 등의 지표가 중요한 것 같아요. 초기에 시청률이 아니어도 영향력 등의 다른 지표에서 좋은 성과를 낸다면, 장기적으로 시청률을 높이는 데 도움이 된다고 봐요.

폴인 정리하자면, 조직의 가치와 목표를 분명히 하고, 실제 일을 실행하는 데에서는 조직 구성원들에게 적절히 '위임'을 했던 리더십이 조직 내에 혁신을 반복할 수 있는 환경을 마련해 줬다고 볼 수 있겠군요. 그리고 그게 결국 차별적인 결과를 낳았고요.

이무원 처음부터 "남들이 안 하는 걸 해야 한다"는 강박을 가질 필요는 없는 것 같아요. 그건 블루오션을 찾으려는 막연한 욕망이죠. 그런데 블루오션이 애초에 없기 때문에 남들도 안 하려 하는 것일 수도 있다는 점을 간과해서는 안 돼요.

JTBC가 해야 할 일은 네 가지 핵심 가치를 묵묵히 지켜나가는 거예요. 그 방향으로 전략을 구상하다 보면 자연스럽게 혁신으로 이어지게 되죠. 혁신은 단순히 무에서 새로운 아이템을 던져 만들어지는 게 아닙니다. 핵심 가치를 추구하기 위해서는 어떤 것이 필요할지 고민하는 과정에서 혁신이 일어나죠. 그러기 위해서는 실제로 그 일을 해야 하는 사람들이 다양한 시도를 할 수 있도록 광범위하게 결정권을 위임하고, 상향식(Bottom-Up) 시스템을 만들어 혁신의 구조적 기반을 구축하는 게 더 중요하다고 생각합니다.

JTBC의 경우 모두가 보도국장의 입만 바라보는 하향식(Top-Down) 시스템이 아니라 조직 전체적으로 많은 위임이 이루어졌고, 그런 혁신이 가능한 구조 안에서 새로운 시도가 자유롭게 이뤄질 수 있었던 것 같습니다. 어떻게 하면 사실·공정·균형·품위라는 가치를 지키는 보도를 할 수 있을지에 대한 고민이 단지 조직 상부만의 고민으로 그친 게 아니라 구성원 전체의 고민으로 확대될 수 있었던 것입니다.

직원을 브랜딩하라

폴인 JTBC 뉴스에서 또 하나 특이한 점은 시청자들이 개별 기자의 이름을 많이 알고 있다는 점인 것 같습니다. 서복현·심수미 기자나 팩트체크의 오대영 기자, 비하인드 뉴스의 박성태 기자처럼요.

김필규 네. 우연히 만나는 분들을 보면 "심수미 기자 잘 있느냐" "서복현 기자 팬이다" 이런 이야기를 많이 하십니다. 그동안 기자들이 화제가 되는 경우를 보면 외모가 출중하거나, 이름이 재미있거나, 방송 사고를 내서 '짤방'이 생기거나 하는 경우가 많았는데, JTBC 뉴스와 관련해서는 보도 내용 그 자체로 기자 이름을 기억해 주시는 경우가 많은 것 같아요.

이무원 저는 손 사장이 정말 브랜딩에서 탁월하다고 생각합니다. 제대로 된 정체성을 구축하려면 결국 브랜딩 작업이 중요하거든요. 브랜딩은 '각인'을 뜻하는 라틴어에서 왔는데, 현재 애플 대학 학장으로 있는 조엘 포돌니(Joel Podolny) 교수가 서술한 《Status Signals》에서 주장하듯이 각인을 시키는 가장 효과적인 방법 중 하나가 연관(Affiliation)을 만드는 것입니다. '이것' 하면 뭔가 딱 떠오르게 하는 거죠. 보도의 경

'태블릿' 어떻게 입수했나   jtbc
                                         뉴스룸

최순실 9월까지 출근…책상에 태블릿 PC

JTBC 심수미 기자가 최순실 씨가 사용하던 태블릿PC 입수 경위를 설명하고 있다.
출처 : JTBC

우는 결국 전달하는 사람, 즉 기자와 연관시켜 브랜딩이 되는
거죠. 팽목항 하면 서복현 기자, 국정 농단 하면 심수미 기자.
이런 식으로 강한 브랜딩이 되어 있죠.

　　김필규 손 사장이 기자들에게 정체성을 잡아 주려는 의
도를 가지고 있습니다. 고정 코너를 만들어 주고, 이름도 더
자주 불러 주는 이유죠. 저에게 팩트체크를 혼자서 2년 가까
이 진행하게 한 것도 그런 맥락으로 이해합니다.
　　리포트를 누가 하느냐에 따라서 뉴스 수용자의 태도가
분명히 달라지는 것 같습니다. 내가 아는 기자가 그 기사를

썼는지, 모르는 기자가 썼는지에 따라 뉴스 신뢰도에 큰 차이가 생기는 거죠. 세월호 참사 보도 당시 서복현 기자 등을 팽목항에 계속 뒀던 것도 마찬가지 의도였던 것 같습니다. 사실 당시에는 대규모 참사 보도의 특성상 한 명의 기자가 계속 유가족을 대하게 함으로써 심리적 안정감을 드리고자 하는 의도가 더 우선적이었어요. 그러면서 부차적으로 시청자들에게는 '서복현 하면 팽목항'이라는 이미지를 심어서 이 기자의 세월호 관련 소식은 믿을 만하다는 신뢰를 주게 됐던 거죠.

뉴스룸 제일 마지막에 배치하는 비하인드 뉴스 역시 정치부 기자들이 번갈아가면서 할 수도 있지만 한 명의 기자에게 전담을 시킵니다. 이 역시 기자의 아이덴티티를 만들어 주는 전략이라고 볼 수 있습니다.

폴인 하지만 그러다 보면 소위 '스타 기자'로 분류되지 않은 다른 조직원들의 사기가 떨어지는 부작용이 있지 않을까요?

이무원 기자 집단에서는 오히려 큰 걱정을 할 필요가 없다고 생각합니다. 한 가지 이슈가 영원히 지속되는 게 아니니까요. 언제나 새로운 이슈가 등장할 것이고, 그때마다 다른 기자들에게 새로운 각인 기회가 생기는 거죠. 어느 이슈에서나 늘 심수미·김관·서복현 기자처럼 이미 이름이 알려진 기자들만 세운다면 문제가 될 수 있겠지만, 기회를 공정하게 부여한다면 큰 문제가 아니에요.

그리고 스타 기자란 건 해당 기자에게 더 큰 짐이 될 수 있어요. 책임감이 엄청 커지니까요. 심수미 기자가 국정 농단 사태와 함께 스타 기자가 됐고 '국정 농단 취재는 심수미'라는 브랜딩이 되었기 때문에 나중에 다른 이슈를 리포팅하기가 오히려 힘들 수도 있죠. 예를 들어 심 기자가 K-팝이나 흥겨운 뉴스 등을 보도하는 데는 어울리지 않을 수 있죠.

그러니까 특정 이슈와 함께 브랜딩되는 것이 한 기자에게 꼭 긍정적으로만 작용한다고 볼 수 있는 건 아니에요. 그래서 기자와 이슈를 융통성 있게 브랜딩하고, 전략적으로 그런 브랜딩을 순환(Rotation)시켜 주기만 한다면 기자의 브랜딩은 큰 문제가 아닐 겁니다.

그리고 기자에게 정체성을 부여해 브랜딩하는 것이 시청자에게 보도 프로그램을 각인시키는 중요한 방법 중 하나라고 생각합니다.

김필규 교수님 말씀에 동감합니다. 사실 조직 내부에 크고 작은 불만이 없을 순 없을 겁니다. 다만 관리할 수 있는 수준이냐 아니냐의 문제이겠죠. 능력이 검증되지 않은 기자가 주요 이슈를 리포팅해 스타 기자가 될 기회를 얻는다면 이는 단순히 불공평의 문제에 그치지 않습니다. 얼굴이 알려진 기자에게는 제보가 몰리게 되고, 그 덕에 또 더 좋은 기사를 쓸 수 있게 되거든요. 그래서 조직원 내부에서 해당 이슈를 리포팅할 수 있는 자격이 있다는 점을 동의해 줘야 해요.

폴인 스타 기자가 등장한 것이 조직 내에 긍정적인 영향을 미친 부분도 있나요?

김필규 네. 조직 내에 긍정적인 자극이 되는 것 같습니다. 신입 기자들이나 연차가 낮은 기자들 중에도 프레젠테이션을 할 때나 현장에서 워크앤토크(현장을 걸어가면서 리포트를 하는 방식)를 할 때 기가 막히게 잘하는 기자들이 있어요. 나중에 이야기를 들어보니 잘하는 선배들의 모습을 보면서 미리 연습을 많이 했다고 하더군요. 스타 기자 시스템이 이런 식으로 선순환되는 부분이 있는 것 같습니다.

폴인 그런데 대부분의 한국 기업에서는 조직 내 스타플레이어 육성을 꺼리는 것 같아요.

이무원 일반적으로 우리나라 기업에서는 스타플레이어들을 양성하지 않고 있죠. 애플 같은 기업은 구성원들에게 '마케팅의 신(가이 가와사키)' 'HR의 귀재(조엘 포돌니)'라는 별명을 붙이며 스타플레이어를 적극적으로 양성하고 있어요. 반면 우리나라 기업은 오히려 스타플레이어가 드러나는 걸 막고 있죠. 구성원이 본인을 내세우지 못해요. 모든 결정과 결과물이 다 회사의 오너 혹은 CEO의 것으로 포지셔닝되죠.

저는 이 부분이 가장 시급하게 개선되어야 할 조직 문화라고 생각해요. 업무의 위임은 내부뿐만 아니라 외부에서도 인식할 수 있을 정도로 이뤄져야 해요. 그래야 좋은 성과에 대해 조직 구성원들도 내외적으로 제대로 인정을 받을 수 있어요.

폴인 JTBC는 외부에서도 인식할 수 있을 정도로 위임이 이뤄졌다고 보시는 건가요?

이무원 네. 손석희 사장의 경우 뉴스를 진행할 때 해당 리포트를 맡은 기자에게 계속해서 질문을 합니다. 그러다 보면 시청자가 보기에도 그 질문을 받는 기자가 해당 이슈에 대해 가장 잘 알고 있는 사람으로 각인되죠. 예를 들어 국정농단 사태에 대한 뉴스를 진행할 때 심수미 기자가 해당 이슈를 전반적으로 관장하고 있다는 생각이 들도록 접근했거든요. 시청자가 보기에도 위임이 이루어진 것입니다. 모든 이슈를 손 사장이 직접 챙기는 것처럼 보이지 않았죠.

하지만 우리나라 대기업에서는 권한 위임이 실질적으로 일어나고 있는지 의문이 들어요. 스타플레이어를 찾기가 힘든 것도 그런 이유라고 생각해요.

04

인재가 전부다

새로운 시도는
어디에서 오는가

2011년 상반기, 종편 4개 채널은 12월 개국을 목표로 운영 인력을 모으기에 여념이 없었다. 미디어 비평지와 전문가들은 이를 '인력 엑소더스'라고 불렀다. 기본적으로 대주주인 신문사의 기자 중 일정 인원을 배치했고, 경력 공채와 스카우트를 통해 케이블 방송, OBS, 지역 지상파, 지역 민방의 방송 경험 인력을 확보했다. 당시 한동안 경력 기자들의 유출과 연쇄적인 이동으로 지상파를 제외한 각 언론사의 보도국 전반이 시끌시끌했다.

언론 전문 잡지 〈신문과 방송〉에 따르면, JTBC의 경우 기존 중앙일보 기자 30여 명과 경력 공채로 뽑은 기자 30여 명, 신입 15명으로 구성했으며 2차 경력 공채를 진행했다. 12월 개국을 앞두고 약 100명 내외의 보도국 인력을 모집하겠다는 목표였다.

나름대로 인재 확보에 힘썼지만, 이미 방송 프로세스와 조직 면에서 월등한 노하우를 가지고 있던 지상파에 비하면 역량이 턱없이 부족했다. 신문 기자들은 방송 제작 프로세스를 잘 알지 못했고, 자신이 속한 신문사가 대주주이긴 하지만 신생 매체인 방송국의 미래가 어떨지 혼란스러운 상황이었다.

게다가 경력직으로 외부에서 수급된 인원이 중앙일보에서 옮겨온 내부 인원과 그 숫자가 비슷했다. 대형 언론사 편집국 네트워크는 보통 '공채 몇 기' '입사 동기' 등 공채 시스템을 중심으로 똘똘 뭉친다. 하지만 새로 출범한 방송국에서는 그런 문화마저 다시 세워야 할 상황이었다. 또 신문사 출신 인력과 방송사 출신 인력이 어떻게 조화를 이룰 수 있을지도 미지수였다.

이런 혼란함을 1차적으로 잠재운 것은 손석희 보도담당 사장이었다. 이전 대담을 통해 살펴봤듯이 그는 이 조직에 핵심 가치와 비전을 명확히 제시했고, 구성원들에게 효율적인 '위임'을 해냄으로써 핵심 가치를 실현할 수 있는 환경을 만들었다. 그러자 JTBC 뉴스가 이제 '무엇을 하는 곳'인지 조직 구성원뿐 아니라 시청자들까지도 알 수 있게 됐다.

조직이 정체성을 찾아가자 지속적으로 의심을 받던 방송 역량과 내부 인원의 조화 문제도 안정을 찾아가는 듯했으며, 결국엔 새로운 시너지를 낸 것으로 평가된다. 이무원 교수는 이번 대담에서 그 이유를 '구조적 공백'에서 찾는다.

구조적 공백이란 네트워크를 이루는 다양한 하위 집단

사이에 생기는 공간을 말한다. 그 공간을 메우는 사람을 네트워크 중개자(Network Broker)라고 부른다. 네트워크 중개자들은 여러 네트워크에서 정보를 수집하여 새로운 아이디어를 창출할 수 있는 존재다. 네트워크가 닫혀 있을수록, 즉 네트워크 내부에 있는 사람들끼리만 교류하는 폐쇄적 네트워크일수록 그 네트워크에는 공백이 생기지 않는다.

이무원 교수는 지난 대담에서 김필규 앵커가 언급한 〈정치부회의〉 또한 구조적 공백에서 생겨난 새로운 시도라고 설명한다. 카메라에 다른 카메라를 노출하는 등 기존에 방송의 룰을 잘 알고 있었던 사람이라면 탄생할 수 없었던 시도가 일어났고, 그것이 시청자에게 신선함을 줄 수 있었기 때문이다. 너무 촘촘한 네트워크에서는 변종이나 신종이 등장할 여지가 없다. 하지만 방송이라는 네트워크의 '아웃사이더'가 덕분에 새로운 가치를 창출해 낼 수 있었던 것이다.

이는 최근 경영계에서도 주요 이슈다. 아마존의 제프 베조스는 자신의 출신과 전혀 관련이 없는 업종인 클라우드 서비스 AWS를 통해 '캐시카우'를 확보하고, 미국 클라우드 컴

출처 : JTBC

퓨터 시장의 34%를 점령하는 엄청난 성과를 냈다. 넷플릭스의 리드 헤이스팅스 또한 콘텐츠와 관련 없는 소프트웨어 업종 출신이지만 현재 탄탄한 콘텐츠 유통 및 제작을 기반으로한 세계 최대 스트리밍 서비스를 구축했다.

하지만 여전히 한국의 많은 기업에서는 기존에 구축한 폐쇄적 네트워크를 뛰어넘어 구조적 공백을 발견하고, 외부의 시각을 적극적으로 받아들이기를 부담스러워한다. 혹은 외부의 아이디어를 어떻게 수용하고 활용해 나가야 할지 그 방법을 잘 알지 못한다. 이무원 교수는 국내의 '사내 벤처'가 성공하기 어려운 구조를 이와 관련해 지적한다.

현재 한국의 방송 시장은 격변의 시기를 겪고 있다. 지상파의 아성이 무너지고, TV 이외의 콘텐츠 수요 확대로 경쟁이 더욱더 치열해지고 있다. 하지만 이는 방송 전체의 경쟁력을 높이고 질적 성장을 일으키는 원동력이 되고 있다. 국내 TV 프로그램의 해외 판권 판매도 더욱 적극적으로 이뤄지는 추세다. 결국 시장 전체 생태계가 진화하기 위해서는 지속적으로 새로운 자극이 있어야 한다. 그 혁신의 실마리는 구조적 공백에서 온다.

'아웃사이더'라는
인재들

폴인 JTBC의 여러 가지 혁신이 다른 방송사 뉴스에도 많이 영향을 주는 것 같아요. 경쟁도 더 치열해진 것 같고요.

이무원 첫 번째 대담에서 이야기했던 '붉은 여왕 전략'의 관점에서 볼 때, JTBC가 지상파들과 경쟁하면서 학습하고 성장할 뿐만 아니라, 지상파 방송사들도 JTBC와 경쟁하면서 학습하고 성장하고 있어요.

예를 들어, 최근 MBC가 역량의 늪(Competency Trap)에서 헤어나서 개혁의 고삐를 당기고 있는데, 그 이면에는 JTBC의 공헌이 무시 못 할 정도로 존재한다고 봅니다. '역량의 늪'이란 저의 박사 학위 지도교수인 스탠퍼드 경영대학 제임스 마치(James March) 교수(2018년 9월 타계)가 개발한 개념으로, 기업 조직들이 역량을 쌓아감에 따라 기존의 루틴과 전략이 최선이라 생각하면서 새로운 루틴과 전략을 추구하지 않게 되는 현상을 일컫습니다. 일반적으로 조직에서 하는 일을 기존의 방식으로 계속 하다 보면, 조직은 반복적으로 하고 있는 그 일이 맞는 일인지 제대로 체크해 볼 기회를 갖지 못해요.

폴인 주로 어떤 기업들이 역량의 늪에 빠지게 되나요?

이무원 대체로 성공했고, 큰 문제를 겪지 않는 조직들이 이러한 역량의 늪에 쉽게 빠지곤 합니다. MBC는 오랫동안 방송 산업을 해 왔고, 기존 지상파 3사 과점 체제하에서는 조직 차원에서 특별히 엄청난 위기를 겪을 계기가 없었을 거예요. 다시 말해 역량의 늪에 빠지기 아주 쉬운 상황에 놓여 있었던 거예요.

역량의 늪에서 벗어나려면 기존의 업무나 업무 방식에 매몰되지 않고 다양한 실험을 통해서 새로운 것을 도입해야 해요. 하지만 새로운 것을 탐색하는 데에는 비용도 많이 들고, 위험성도 높아서 겁을 먹는 조직이 많아요. '잘못되면 어떡하지'라고 걱정하면서 새로운 시도를 주저하는 거죠.

이런 조직에서는 조직 구성원도 자신의 새로운 시도가 잘못되면 '모가지가 날아갈 수도' 있으니 제안이 와도 삼가죠. 우리나라 기업은 일반적으로 실패를 용인하지 않는 조직 문화를 갖고 있기 때문에, 구성원들도 험한 시도를 더욱 피하려 합니다.

폴인 그런데 자신의 조직에 어떤 문제가 있고 무엇을 개선해야 하는지 알기 쉽지 않은 것 같아요. 그런 건 어떻게 깨닫게 되나요?

이무원 바로 조직의 경쟁자가 기존의 방식과는 다른 새로운 방식으로 시장에서 우위를 보이기 시작할 때 깨닫게 돼요. JTBC가 신선한 시도를 하면서 좋은 성과를 보여 주다 보니, MBC도 무언가 새로운 것을 시도해 보려고 하는 거예요. 그렇게 해서 MBC가 좋은 성과를 내면, JTBC도 경쟁력을 높이기 위해 더 새로운 시도를 하게 됩니다. 그렇게 서로 자극제 역할을 하며 성장해요.

김필규 사실 그러다 보니 다른 방송사의 유·무형 견제가 심합니다. 그동안 미디어 비평을 하지 않았던 한 방송사에서 메인 뉴스를 통해 저희 뉴스를 비판하는 리포트를 내보내기도 하고 그랬죠. 저희도 반박을 했고, 결국 저희 보도가 옳았던 것으로 드러났지만요.

그 밖에도 독점 중계권이 있는 화면을 구매하는 문제 등을 놓고 옥신각신하기도 하고요. 지상파 방송들의 견제가 계속 있지만, 어찌 보면 그만큼 저희를 경쟁 상대로 인정을 하고 있구나 싶기도 합니다. 예전에는 상상하기 힘든 일이었죠.

이무원 그동안 KBS, MBC, SBS 지상파 3사는 집단적으로 암묵적인 결탁을 한 상태였다고도 볼 수 있어요. 3사 과점 체제에서는 사실상 새로운 경쟁자가 진입할 수 없는 상황이다 보니 적당히 하자는 의식이 팽배할 수밖에 없었죠. "우리 이 정도만 하자. 이대로 나가도 매출 나오는데 이 정도면 됐지 뭐"라는 식으로요. 이는 '촘촘한 네트워크(Dense Network)의 덫'에 빠진 거라고 할 수 있어요. 즉 네트워크가 너무 촘촘해서 구조적 공백(Structural Holes)이 없었기에 발생한 문제죠.

폴인 조금 더 용어 설명이 필요할 것 같습니다. 촘촘한 네트워크는 그 단어로 비춰봤을 때, 어떤 집단이 서로 촘촘하게 연결되어 있다는 의미일 것 같군요. 어떤가요?

이무원 네. 촘촘한 네트워크란 건 개인 간 또는 조직 간 네트워크 구조를 연구하는 '네트워크 이론(Network Theory)'에서 논의되는 용어로, 말 그대로 한 개인이나 조직이 네트워크상에서 촘촘하게 연결되어 있다는 의미입니다. 예를 들어 JTBC 보도국 기자라는 네트워크 안에 있는 사람들은 서로 어떻게든 연결되어 있을 확률이 높고, 서로 지식과 아이디어를 촘촘하게 공유하고 있죠. 김필규 앵커님이 알고 있는 지식과 아이디어를 심수미 기자도 알 가능성이 매우 높은 겁니다. 이런 게 촘촘한 네트워크죠.

그런데 이런 촘촘한 네트워크는 외부와는 별로 연결이 없어서, 어찌 보면 고립되고 폐쇄적입니다. 문제는 그런 네트워크에 갇혀 있는 구성원은 큰 그림을 보지 못하고 근시안적인 시각을 가진다는 거예요. 서로 너무 밀접하게 연결되어 있으면, 새로운 지식이나 아이디어가 나타나지 못해요.

폴인 그럼 구조적 공백이란 건 네트워크가 촘촘하지 않아야 생기는 것인 모양이군요?

이무원 네. 구조적 공백은 시카고대 경영대학 로널드 버트(Ronald S. Burt) 교수가 제시한 개념이에요. 네트워크 이론 내에서 가장 유명한 개념이라고 해도 과언이 아니죠. 구조적 공백이란 연결되어 있는 여러 타인들 사이에 서로 연결이 안

되어 있는 경우를 일컫는데요. 어느 한 개인이 이런 공백을 많이 차지할수록 다양한 정보를 습득하게 되어 창의적인 아이디어도 많이 창출한다고 합니다.

결국 구조적 공백이 존재하기 힘든 촘촘한 네트워크 내부에서는 좋은 아이디어가 안 나온다는 거예요. 구성원 모두가 서로 연결되는 바람에 각자가 아는 것, 생각하는 것이 비슷해서 기존의 사고 틀에 갇혀 버린다는 거죠. 그런데 여기에 외부인이 하나만 들어와도 구조적 공백이 확 늘어나면서 새로운 아이디어가 나올 수 있는 역량도 자연스럽게 훌쩍 증가해요. 그 외부인이 새로운 지식이나 사고방식을 가지고 들어오기 때문이죠.

폴인 조금 더 예를 들어 설명해 주시면 좋겠습니다.

이무원 네트워크상에서 직접적으로 연결되지 않은 서로 다른 개인이나 조직을 연결해 줄 수 있는 위치에 있으면 구조적 공백을 보유하게 되는데, 쉽게 김필규 앵커님을 상대로 가정해 볼게요. 김필규 앵커님이 심수미·이가혁 기자님과 각각 긴밀한 관계를 맺고 있지만 심 기자님과 이 기자님 간에는 아무 관계가 없다고 가정해 보죠. 물론 그럴 리는 없겠지만 요. 김필규 앵커님은 구조적 공백을 보유하고 있는 거죠. 하지만 심 기자님과 이 기자님께서 서로 긴밀한 관계를 맺는 순간에 김필규 앵커님이 보유했던 구조적 공백은 닫히게 되는 거죠.

최근 연구에 따르면 구조적 공백은 일반적으로 새로운 지식이나 아이디어로 이어져 개인이나 조직에 소중한 가치를 제공하는 것으로 나타나고 있어요. 조직 내부 네트워크가 촘촘하게 밀집되어 있고 닫혀 있으면 새로운 아이디어가 도출될 수가 없어요. 말하자면 구성원들이 서로 비슷해져서 속된 말로 '그놈이 그놈'이 되고, '그놈'들끼리 노는 닫힌 세계에서는 신선한 목소리를 내는 사람이 생길 수도 그리고 살아남을 수도 없는 거죠. 김필규 앵커님께서 두 기자 간 구조적 공백을 유지했을 때가 닫혔을 때보다 새로운 아이디어를 생성할 수 있는 가능성과 역량이 더 크고, 결국 JTBC의 혁신에도 더 큰 도움을 줄 수 있다는 거죠. 심 기자님과 이 기자님으로부터 나오는 상이한 아이디어를 통합하면서 창의적인 아이디어를 창출할 수 있기 때문이에요.

결국 조직이 살아남기 위해서는 구조적 공백을 창출해

새로운 아이디어가 나올 수 있는 확률을 높여 나가야 해요.

김필규 생각해 보니 〈정치부회의〉가 카메라나 기자들 동선 등에서 새로운 시도를 할 수 있었던 것은, 어쩌면 방송 기술적으로 경험이 부족했던 기자들이 주도했기 때문이 아니었나 합니다. 일본의 츠타야 서점을 만든 마스다 무네아키가 자신의 저서 《지적자본론》에서 이런 이야기를 한 적이 있어요. "조직 내에서는 '아웃사이더'적인 생각이 필요하다"라고요.

한 조직에 오래 있던 사람은 시각이 매몰되고, 스스로 안 된다고 생각하는 가이드라인이 많은데, 그렇게 매몰되지 않으려면 스스로 아웃사이더 정신을 갖고 있어야 한다는 내용이었어요. 〈정치부회의〉는 이런 아웃사이더적인 시각이 효과를 발휘한 케이스가 아닌가 합니다. 그리고 이 아웃사이더적 시각이 바로 교수님께서 말씀하신 구조적 공백이란 게 아닐까 싶네요.

이무원 그렇습니다. 기자는 기자끼리, PD는 PD끼리 촘촘하게 연결되어 있는 반면 외부랑은 별로 연결이 없지요. 방송에서는 PD가 아닌 기자 출신이 아웃사이더라 할 수 있을 것 같아요. 기자들은 PD들과는 다른 새로운 시선으로 방송에 접근할 수 있죠. 그래서 PD들끼리 있을 때는 나오기 어려운 새로운 결과물을 기자들이 만들어낼 수 있는 거예요. 기존의 방송 제작 방식에 따르자면 '말도 안 되는' 아이디어를 제시하고 실행할 수 있거든요. 결국 룰브레이커가 되는 사람은 외부인인 겁니다. 결국 조직이 혁신하기 위해서는 구조적 공백의 창출을 통해서 새로운 아이디어가 나올 수 있는 확률을 높여 나가야 해요.

애플이 철학자를
고용한 이유

폴인 구조적 공백이 혁신을 이끌었거나, 촘촘한 네트워크가 혁신을 저해했던 다른 사례가 있으면 더 말씀해 주실 수 있나요?

이무원 제가 이전에 삼성 모바일 사업 R&D 부서 중 한 팀과 그와 동일한 업무를 하는 애플의 한 R&D 팀을 비교한 적이 있어요. 팀 구성을 보니, 삼성은 공대 출신이 80% 정도 차지했는데, 애플은 공대 출신이 55%를 조금 넘고 그 밖에 커뮤니케이션 전공자 등 사회과학 분야 전공자가 많았어요. 심지어 철학과 출신도 있었죠. 왜 그런지 궁금해서 좀 더 파고들어 봤어요. 그랬더니 재밌는 걸 알게 되었어요.

폴인 어떤 건가요?

이무원 스티브 잡스가 타계하기 6개월 전에 애플 대학을 만들었어요. 마지막 유작이죠. 애플 대학의 초대 학장이 위에서 언급한 조엘 포돌니라는 분입니다. 스탠퍼드, 하버드 교수를 거친 후 예일 경영대 학장을 지내시다가 애플 대학 학장으로 부임했죠.

제가 스탠퍼드대에서 박사 과정을 밟을 때, 저의 박사 학위 논문을 심사하는 위원회 멤버 중 한 분이어서 가끔 연락을 주고받아요. 그분께 이 문제를 문의한 적이 있는데, 그분이 한마디로 딱 잘라 하시는 말씀이 "엔지니어 출신끼리 모여서 생각하면 맨날 똑같은 이야기만 한다"는 거였어요.

서로 아는 것도 비슷하고 사고방식도 비슷하다 보니 다들 비슷한 아이디어를 내고, 그래서 새로운 아이디어가 잘 나오지 않는다는 말씀이었죠. 그래서 엔지니어 비율이 얼마일 때 새로운 아이디어가 나오는지 대강의 시뮬레이션 결과를 소개했는데 변곡점(Tipping Point)이 55% 정도였다고 합니다. 즉 엔지니어 출신 비율이 55%를 넘어가면 추가되는 한 명의 엔지니어 출신 종업원으로부터 나오는 한계 효용이 늘어나지 않는다는 거죠.

폴인 애플은 그 연구를 근거로 공대 출신을 55%로 배치한 거군요?

이무원 그렇죠. 그래서 엔지니어 비중을 변곡점 근처에 고정해 두고 새로운 아이디어를 더할 수 있는 다른 분야 전공자들을 데려오는 겁니다. 그중에서도 커뮤니케이션 전공자가 많은 이유는, 속된 말로 "공돌이들이 효과적인 대화를 못하기 때문"이랍니다. 아이디어는 구성원들 사이의 대화에서 나오는 건데, 엔지니어 출신들만 있는 경우에는 회의가 잘 안되는 거예요. 그런데 커뮤니케이션 전공자들은 대화에서 일종의 '촉진제' 역할을 하며 잠재된 아이디어를 도출해 냅니다. 퍼실리테이션(Facilitation)이라고 하죠.

제가 애플의 그 R&D 그룹에 속한 철학 전공자와는 직접 이야기해 보기도 했어요. 그에게 철학 전공자가 여기서 할 수 있는 일이 뭐냐고 물었더니 아침에 출근해서 퇴근할 때까지 "인류가 앞으로 원할 디자인이 뭘까"를 생각하고 A4 용지로 반 페이지 정도의 보고서를 작성한다고 하더군요. 엄청 편하고 좋은 직업 같죠. 그런데 실제로 그걸 한 달 이상 하면 아이디어가 고갈되어서 더 안 나온대요. 그래서 그 사람은 불면증에 시달린 적도 있다고 하더라고요.

폴인 재밌는 이야기네요.

이무원 그렇죠. 결국 새로운 아이디어는 외부에서 많이 나오기 때문에 조직 내에 외부인의 관점과 지식을 지속적으로 수혈하는 것이 중요한 것 같아요.

최근 제가 윌리엄 바넷 교수와 스탠퍼드 경영대학원에서 출간하는 아모레퍼시픽 사례 연구를 저술했는데, 많은 소비자들이 좋아하는 쿠션 제품의 탄생이 이를 보여주는 좋은 사례인 것 같아요. 전 세계에서 1초에 하나씩 팔리는 쿠션 제품은 R&D 부서에서 최초 발굴된 것이 아니라 마케팅 부서의 젊은 사원이 주차장 스탬프에 착안하여 아이디어를 제출하고 R&D 부서에서 받아들여 탄생한 것입니다. 이게 아웃사이더의 힘이죠.

김필규 그런데 그렇게 다른 배경의 사람들이 모여 훌륭한 성과물을 내느냐, 아니면 서로 망하느냐는 종이 한 장 차이인 것 같습니다. 저희 역시 신문기자 출신, 기존 뉴스 전문 채널 기자 출신, 경제방송 기자 출신, 교양물 제작 PD, 다큐멘터리 PD 등 다양한 배경의 사람들이 모여 JTBC 뉴스를 시작했습니다.

지금 와서 좋게 보면 여러 배경을 가진 사람들이 모여 시너지를 냈다고도 평가할 수 있겠지만, 처음엔 서로 어울리지 못해 문제도 많았고, 사실 아직까지 이런 이질적인 배경에서 비롯된 문제가 남아 있다고도 할 수 있습니다.

이무원 처음엔 반드시 갈등이 있죠. 처음 반응은 "신문하던 사람들은 방송 몰라" 이런 거겠죠. 그런데 역량의 늪에서 벗어나서 새로운 아이디어를 얻으려면 외부인이 내부로 들어오거나, 조직 내외에서 이직(Turnover)이 어느 정도 있어야 해요. 다른 곳으로 가는 사람과 새로 들어오는 사람이 공존하며 조직 내 원활한 순환이 있어야 합니다.

전통적으로 우리나라 기업들은 종업원들의 이직을 줄이는 게 좋다고 생각하는 경향이 있는데, 새로운 아이디어를 계속 창출하려면 기존 직원들이 이직하고, 또 새로운 사람들이 들어와야 해요.

고인 물에서는 새로운 아이디어가 나오질 못해요. JTBC는 신생 조직이어서 지금은 다이내믹하지만, 시간이 오래 지나면 똑같이 역량의 늪에 매몰될 수 있어요.

김필규 그런 면에서 또 한 번 리더십의 중요성을 이야기하지 않을 수 없습니다. 여러 배경을 가진 조직원들이 어떤

171

늪에 빠지지 않고 계속 발걸음을 내딛기 위해선, 흔들리지 않고 목표를 제시하는 리더십이 있어야 가능할 것 같습니다.

아웃사이더를
어떻게 활용할 것인가

폴인 교수님 말씀을 듣고 보니 국내에서 사내 벤처의 성공 사례가 적은 것도 이 촘촘한 네트워크의 덫, 그리고 구조적 공백의 부재로 설명할 수 있을 것 같습니다.

이무원 네. 우리나라 대기업들은 사내 벤처에 좀 더 개방적으로 접근해야 해요. 삼성 사내 벤처인 C랩과 아모레퍼시픽의 사내 벤처인 린스타트업에 대해 이야기해 보겠습니다. 두 기업이 한국 내 사내 벤처의 모범 사례임은 분명하지만 접근하는 방식이 조금 다릅니다. 삼성은 사내 벤처에서 나오는 미래 수익의 상당 부분이 삼성으로 돌아가도록 하는 계약 구조를 가지고 있어요. 그렇다 보니 인사이더 또는 인사이더에 가까운 아웃사이더가 사내 벤처를 구성하고 있어요. 그렇게 해야 삼성이 간접적으로 벤처를 통제하기 용이하기 때문이 아닌가 합니다.

아모레퍼시픽의 린스타트업은 삼성의 C랩에 영감을 받았다고 볼 수 있는데, 양적인 측면에서는 C랩보다 부족하지만 질적인 측면에서는 C랩보다 업그레이드되었다고 볼 수 있어요. 현재 25개 정도의 린스타트업이 있는 걸로 알고 있는데요. C랩과 달리 아웃사이더로 구성되어 있어요. 아모레가 자본과 관리를 지원해 주되, 외부자 공모를 통해 벤처를 설립하고 있어요. 전망 좋은 벤처를 지원해 주고, 미래 수익은 아모레와 특정 비율로 배분하도록 계약을 맺어요. C랩에 비해 아웃사이더의 신선한 시각이 들어올 여지가 훨씬 많은 형태죠.

폴인 사내 벤처도 형태가 다양하군요.

이무원 사내 벤처의 진화 단계가 있어요. 1단계는 모회사가 만들고 모회사가 관리나 수익 면에서 상당 부분 개입하는 것. 삼성이 이 단계에 속한다고 볼 수 있죠. 2단계는 아웃사이더에게 맡기고 수익의 일부를 가져오는 것. 3단계는 기술과 수익에 대해 어떤 요구도 하지 않는 단계인데, 벤처의 기술 개발 과정을 가장 근접해서 관찰할 수 있기 때문에 거기서 창출된 신기술 활용을 선점할 수 있다는 이점이 있어요. 미국 통신회사인 AT&T가 이 마지막 단계의 사내 벤처를 많이 운영하면서, 타 경쟁사보다 먼저 새로 개발된 기술을 활용함으로써 경쟁에서 앞서가고 있다고 해요. 향후 우리나라 기업들도 마지막 단계 형태의 사내 벤처 육성에 나서기를 기대해 봅니다.

폴인 아모레퍼시픽에서는 성과가 나고 있나요?

이무원 네. 성과를 보기 시작하는 것 같아요. 한 린스타트업에서는 잡지나 웹사이트를 보다가 마음에 드는 립스틱이 있을 때 자신들이 개발한 앱을 통해 상품 모델명을 보여 주는 기술을 개발해서 출시를 준비하고 있다고 합니다. 그런 서비스는 첨단 기술을 기반으로 하기 때문에 아모레퍼시픽 단독으로는 직접 개발하기가 어려워서 린스타업을 활용한 거죠. 그리고 C랩과 달리 아모레퍼시픽 내부자의 시각을 완전히 벗어나는 신기술 개발이 가능해진 거예요.

폴인 그런데 회사란 게, 사내 벤처도 벤처지만 외부인 개인을 찾아서 조직에 포섭하고 육성하기는 현실적으로 어려운 면도 있는 것 같습니다.

이무원 그래서 앞서 이야기했던 '위임'이 중요해요. 조직 구성원들 모두가 내부인이기는 하지만, 내부인적 사고에 젖어 있는 정도는 구성원들 사이에 차이가 있죠. 내부인적 시각이 덜한 그룹들에게 '위임'을 하고 새로운 아이디어를 실행해 볼 수 있어야 해요.

저는 내부인이면서 가장 외부인적 시각을 가지고 있는 그룹이 신입 사원이라고 생각합니다. 신입 사원이 회사에 처음 들어왔을 때는 생생하게 외부인적 시각을 유지하고 있는데, 조직에 머무는 시간이 오래 될수록 점점 더 내부인의 시각을 가지게 되면서 내부인의 덫(Insider Trap)에 빠져요.

신입 사원은 임원을 포함해 조직 상부에 있는 구성원들보다 더 새롭고 좋은 아이디어를 낼 수 있는 위치에 있다고 볼 수 있어요. 그런데 조직에서 그들을 믿고 역할을 위임해 주지 않으면 좋은 아이디어가 탄생할 수 있는 기회를 사장해 버리는 것이나 마찬가지죠. 내부인의 덫에 아직 덜 빠진 인원들을 많이 활용해서 새로운 아이디어를 많이 창출할 수 있도록 해 주면 좋을 것 같아요.

김필규 생각해 보면, 팩트체크를 진행할 때도 그런 외부인의 시각이 도움이 되었어요. 당시 JTBC는 교육과 기회 제공의 일환으로 '칼리지 프로그램'이란 걸 운영했어요. 반기별로 대학생 인턴을 모집해서 현업과 관련한 교육 기회를 제공하는 프로그램이었죠. 팩트체크 팀에서도 두 명을 채용했는데, 항상 회의 때마다 이들에게 이 아이템이 개인적으로 흥미로운지 물었어요. 계속 취재를 해 왔던 기자 입장에서는 재미있다고 생각하는 이슈도 일반 시청자 입장에서는 전혀 그렇지 않을 수 있으니까요. 기사를 쓸 때도 화이트보드에 기사의 얼개와 논리 구조를 써가면서 인턴들에게 이해가 되는지 물었어요. 기자 입장에서는 자신이 다 알고 있기 때문에 핵심적인 부분을 건너뛰고 기사를 쓰더라도 빠진 것이 있는지 모를 수 있으니까요. 이런 한계를 보완하기 위해 상대적으로 '아웃사이더'인 이들의 시각을 빌렸습니다.

이무원 실리콘밸리에서는 인턴이라는 인력이 신선한 인풋을 제공해 줄 존재라고 기대하는 분위기가 있어요. 그런데 한국에서는 회사가 갑이고 학생이 을일 뿐이죠. 회사 입장에서는 '굳이 필요 없는데'라면서 억지로 뽑는 경우가 많고, 뽑고 나서도 허드렛일을 시키는 경우가 대부분이잖아요.

그런데 제가 실리콘밸리에 갈 때마다 느끼는 게, 거기는 인턴에 대한 시각이 완전 반대예요. 인턴을 일종의 시험대(Test Bed)로 활용 가능한 인원이라고 생각하죠. 외부인의 시각에서 중요하고 신선한 시각을 제공할 것으로 기대하고, 그들을 최대한 활용하려고 해요. 그래서 미국에서는 오히려 회사 쪽에서 교수들에게 똘똘한 학생들을 인턴으로 소개해 달라며 먼저 전화를 하는 경우가 많대요.

이렇게 보면, 사실 한국 사회의 조직 문화는 외부인의 시각을 가진 부류를 매우 불편해하는 분위기가 있어요. 조직이 화합해야 한다고 말하면서, 모난 돌은 포용하지 못하고 다 내보내려 하죠. 그런 문화가 바뀌어야 계속 새로운 것이 나오고 혁신할 수 있어요.

05

미래의
저널리즘 브랜딩

브랜드 인지도는
어떻게 변하는가

폴인 지금까지 JTBC 뉴스룸에 대한 논의를 시장·가치·조직·인재, 이 네 가지 키워드를 중심으로 정리해 봤습니다. 각종 통계를 보면 JTBC는 이제 시청자들이 '신뢰하는 매체 1위' '열독률 1위' 매체로 꼽을 만큼 짧은 시간 안에 브랜드 인지도가 크게 바뀌었습니다. 이는 자타가 공인하는 '레드오션'에서는 더욱 힘든 일이라고 생각되는데요. 이 네 가지 키워드가 이 변화에 영향을 미쳤다고 볼 수 있나요?

이무원 요즘에는 시장에서 제품을 전략적으로 포지셔닝할 뿐 아니라 조직 문화, 리더십, 조직의 가치, 인재 활용이 전부 어우러져야 소비자에게 선택받을 수 있습니다.

예전에는 마케팅은 마케팅, 전략은 전략, 브랜딩은 브랜딩으로 나눠져 있었어요. 그리고 제품 생산 공정에 정해진 단계가 있었죠. 그런데 이제는 전략과 마케팅이 합쳐져요. 단지 제품의 어떤 속성만 가지고 시장에서 포지셔닝하는 데는 한계가 있다는 걸 알게 된 거죠.

오히려 현재는 그 제품을 생산한 조직의 특징이나 가치 등을 소비자와 커뮤니케이션하는 게 중요합니다. 예전처럼 제품만 잘 만든 뒤, 마지막 단계에 잘 포장해서 판매하는 시대는 지났어요.

　JTBC도 단지 뉴스를 잘 만들었다, 마케팅을 잘했다는 관점으로 평가할 게 아니라 위에서 정리해 주신 네 가지 측면이 일관성 있게 움직였기 때문에 그게 소비자에게도 어필이 되었다고 볼 수 있습니다.

　김필규 그런데 사실 브랜드 인지도를 얻는 것보다 그걸 유지하고 관리하는 게 더 힘든 것 같아요. 크게 회자되는 뉴스 하나를 잘 만들어서 브랜드 인지도와 애정도를 올릴 수는 있지만 그게 오래가지는 않는 것 같아요. 꾸준하게 오랫동안 시간을 들여서 쌓아야 하고 또 어떤 효과가 있을지 예측하기 쉽지도 않지만, 그럼에도 불구하고 꾸준히 해야 하죠.

　특히 저희는 특별한 공식을 알고 그에 맞춰 브랜드 인지도를 높이려는 노력을 했던 게 아니라서 더 불안감이 있습니다. 저희는 "이렇게 하면 사람들이 좋아하겠지?"라는 생각에서 출발한 적이 없거든요. 보도국의 브랜드 인지도가 이렇게까지 올라간 건 대단한 일이고 그렇게 하지 못한 것보다는 굉장히 좋은 일이지만, 이것을 유지하는 것에 대한 스트레스가 큰 것도 사실이에요.

정보 과잉의 시대,
사람들이 뉴스를 보는 이유

폴인 언론사의 브랜드는 좀 독특한 것 같습니다. 형체가 있는 제품이 아니라 가치를 판다고나 할까요.

이무원 스티브 잡스는 이제 상품이 아니라 '가치'를 파는 시대라고 했어요. 뉴스도 일반 소비자에게 결국 가치를 파는 거라고 생각해요.

국내 기업은 가치를 판다는 면에서는 세계에서 조금 뒤처지고 있어요. '품질경영'을 중요하게 생각하면 사실 안전하고 튼튼한 자동차를 만드는 게 맞아요. 그런데 포드, 벤츠 같은 세계적인 자동차 그룹은 요즘 '우리는 안전하고 튼튼한 자동차를 만든다'고 하지 않아요. 어떻게 하면 차를 타는 사람들에게 행복을 주는가를 고민한다고 하죠.

폴인 기존에는 '정보'를 주던 뉴스가 이제는 '가치'를 제안하는 뉴스로 개념이 바뀔 수 있겠군요.

이무원 그렇죠. 요즘 시대에 내가 남이 본 뉴스를 못 볼까 봐 걱정하는 사람은 없어요. 예전에 뉴스가 추구하던 신속함, 정확함은 빅데이터 시대에는 기본 조건이에요. 인터넷만 봐도 여러 정보를 금방 찾을 수 있잖아요. 결국 뉴스 소비자들은 같은 정보라도 이 뉴스가 어떤 관점에서 어떻게 이야기할지가 궁금한 것입니다.

미국의 경영학자 허버트 사이먼(Herbert A. Simon)은 1978년에 제한된 합리성(Bounded Rationality)이라는 개념으로 노벨 경제학상을 받았어요. 인간은 제한된 정보하에서 최적의 선택을 하기 때문에 그 합리성이 제한되어 있다는 주장이죠. 기존 경제학에서는 인간을 합리적인 존재라고 봤는데, 그걸 반증한 거예요. 그런데 이제는 정보가 너무 많고, 어텐션(Attention, 관심)은 제한되는 시대예요. 이 많은 정보를 인간이 다 챙기지 못하기 때문에 무엇에 관심을 두어야 할지 모르는 상황이 된 거죠.

이제 뉴스가 해야 할 일은 그 어텐션을 돕는 게 아닐까 해요. 어떤 사건에 얼마만큼 관심을 두어야 하는지 시청자에게 제안하는 거죠.

김필규 최근에 읽었던 책 《지적자본론》이 생각나네요. 츠타야 서점을 운영하는 기획회사 CCC의 대표로 잘 알려진 이 책의 저자 마스다 무네아키는 서점을 '책' 파는 공간이 아닌 '라이프스타일'을 파는 공간으로 재설계했어요. 그가 책을 통해서 주장하는 것, 그리고 츠타야를 통해서 보여 주고자 했던 것도 '제안'이었습니다.

책에서 마스다는 제2차 세계대전 이후 현대 자본주의 사회가 점차 진전되며, 지금은 세 번째 단계인 '서드 스테이지(Third Stage)'에 들어섰다고 말해요.

퍼스트 스테이지(First Stage)는 물자가 부족해 수요가 많은 단계예요. 세컨드 스테이지(Second Stage)는 어느 정도 물자의 교류가 안정된 상황에서 여러 종류의 다양한 상품이 넘쳐나는 공급 과잉의 단계이고요. 오늘날처럼 물건과 서비스가 풍족한 가운데 고유한 '취향'을 선망하는 고객이 늘어나고, 그에 따라 '제안'이 중요해지는 단계가 '서드 스테이지'입니다.

마스다는 이 서드 스테이지 단계의 고객들은 이미 부족한 물품을 소비하려는 이들이 아니라 과잉된 물품 속에서 자신만의 스타일, 특별한 의미를 바라는 사람들이라고 말합니다. 그래서 '제안'이 중요한 거죠.

뉴스 시장도 결국 이 단계에 들어선 게 아닌가 합니다. 과거에는 정보 자체가 부족했지만 이제는 정보 과잉의 단계를 지나 그 가운데 어떤 정보가 중요한지 '제안'해 주는 능력이 각광받게 된 게 아닌가 해요. JTBC도 의도하지는 않았지만 어쩌면 이 '서드 스테이지'의 흐름과 잘 맞았던 것 같습니다.

이무원 스티브 잡스가 생전에 '고객 만족(Customer Satisfaction)'보다 더 중요한 것은 '고객 놀래키기(Customer Surprising)'라고 말한 적이 있어요. 하룻밤 사이에 새로운 기술이 도입되는 요즘 같은 시대에는 소비자가 스스로 무엇을 원하는지 잘 모르는 경우도 많다는 게 그 이유죠.

이전까지 경영학에서 강조했던 '고객 만족'이란 개념은 그런 초혁신 시대에는 매력도 실효도 없다는 거예요. 기업은 소비자의 기호에 따라가기보다 기호를 이끄는 역할을 해야 한다는 의미입니다. 소비자 스스로도 무엇을 통해 어떻게 만족을 느끼는지 알지 못할 수 있어요. 그래서 오히려 기업이 그 기호를 창출해 줘야 하죠. 뉴스도 시청자도 마찬가지라고 생각해요.

김필규 알랭 드 보통의 《뉴스의 시대》를 보면 이런 이야기가 있어요.

"정치 뉴스가 따분하다는 대중적 인식은
결코 사소한 문제가 아니다. 뉴스가 프레젠테이션
기술을 통해 대중의 호기심을 불러일으키고 관심을
모으는 데 실패할 때, 사회는 자신의 딜레마를
붙들고 고심하는 일에 위험할 정도로 무능해지고,
따라서 사회를 변화시키고 개선하려는
대중적 의지도 결집될 수 없기 때문이다."

_알랭 드 보통, 《뉴스의 시대》, p.37

   사실 기자들은 물 먹지 않는 것에 주의를 두는데, 그것
보다는 사람들의 관심이 기사에서 멀어지는 게 더 문제란 얘
기죠. 알랭 드 보통은 이를 비판하면서 또 이렇게 말해요.

"미래의 이상적인 언론 기관에서는 사건들을
맥락화하고 대중화하는 야심찬 과업이
아주 진지하게 이루어져서, 복지수당에 대한 기사가
근친상간을 하고 인육을 먹는 오스트레일리아

주민들에 대한 기사만큼이나
(거의 대등할 정도로) 흥미진진해질 것이다."

_알랭 드 보통, 《뉴스의 시대》, p.38

앞으로는 뉴스에 관심 없던 소비자를 더욱 끌어들이는 역할이 중요하다는 의미입니다. 저희도 뉴스가 무겁다거나 편향됐다는 지적을 받을 때도 있지만 이런 게 오히려 요즘의 뉴스 소비자들이 더 필요로 하는 지점이 아닌가 하는 생각도 들어요.

디지털 시대,
뉴스의 미래는 무엇인가

폴인 '가치를 제안하는 뉴스'라는 시장 자체 때문에 전체 파이가 확장될 수는 없을 것 같다는 생각도 듭니다. 참여자들이 제한되어 있으니까요. 이런 상황에서 JTBC가 '가치'를 전달하는 뉴스의 새로운 가능성을 제시했는데, 다른 경쟁자들도 이런 흐름을 따라간다면 JTBC는 더욱 치열한 고민이 필요할 것 같습니다.

김필규 저도 그런 걸 느낍니다. 언론계 종사자로서 새로운 뉴스 시장이 과연 있을지 회의감이 있어요. 하지만 뉴욕타임스는 디지털 중심으로 전환한 뒤 전체 수익의 60% 이상이 디지털에서 나온다고 합니다. 뉴욕타임스 편집국은 '아버지가 종이 신문을 보았다면 아들은 온라인 구독자가 되게 하는 것'을 목표로 한다고 해요.

뉴스 소비에 대한 수요는 분명히 있는 것 같아요. 그 수요를 어떻게 우리 뉴스로 끌어들일까의 문제가 중요합니다. JTBC 뉴스 유튜브 채널 구독자가 80만 명 정도 되는데, 다른 뉴스 매체에 비해서는 압도적으로 높은 수치예요. 그렇게 또 새로운 시장을 만들 수 있지 않을까 하는 생각이 듭니다.

이무원 그래도 JTBC에게 가장 희망적인 것은 2040 뉴스 시청자를 끌어들일 수 있다는 점인 것 같습니다. 2040 시청자들이 곧 미래의 소비자로 이어지기 때문에 현재 다른 방송에 비해 그 나이대 시청자를 많이 확보하고 있다는 점이 현재로서는 JTBC에 유리합니다.

폴인 더 이상 TV가 아니라 디지털 기기로 뉴스를 소비하는 사람들이 더 많아지고 있습니다. 또 뉴스 생산자도 많이 생기고 있죠. 이런 디지털 환경에서 기존 방송 뉴스는 어떻게 살아가야 할까요? 먼 미래에는 뉴스 플랫폼으로 유튜브만 남고, 유명 기자들이 개인 크리에이터로 활동할 수도 있게 되는 건 아닐까요? 미래에 대한 그런 위기감이 있나요?

김필규 당연히 있습니다. 다만 저희 조직이 지닌 가치를 잘 유지할 수 있게 조직 차원에서 여러 노력을 함께 해 주면 좋겠다는 바람이 먼저 있습니다.

디지털 전략 관련해서 넷플릭스 콘텐츠 담당자를 만난 적이 있어요. 넷플릭스가 처음 한국에 론칭했을 때 〈썰전〉과 〈정치부회의〉를 넣었다고 하더군요. 뉴스 콘텐츠를 넷플릭스에 넣은 것은 전 세계적으로 처음이었다고 했어요. 그런데 그중 〈썰전〉은 지금까지도 공급하고 있고, 〈정치부회의〉는 뺐다고 합니다. 〈썰전〉은 1주일에 1회 하니까 사람들이 계속 그걸 본대요. 그런데 〈정치부회의〉는 지난 것을 다시 보는 사람이 없다고 하더라고요.

그 얘기를 듣고, 매일의 뉴스와 인사이트가 있는 뉴스가 각각 별도의 시장이라는 생각이 들었어요. 매일 나오는 뉴스는 그 뉴스가 나올 때 꼭 보려는 사람들이 있겠더라고요. OTT(Over the Top, 인터넷을 통해 볼 수 있는 TV 서비스)는 엄청난 플랫폼이 되긴 하겠지만, 매일 나오는 뉴스 시장을 잠식하진 않을 것 같아요. 그렇다면 더 생생한 뉴스, 더욱 깊은 인사이트를 주는 뉴스를 만든다면, 매일 전하는 방송 뉴스 시장은 어떤 플랫폼에 속해 있는지 관계없을 거란 생각이 들었습니다.

다시, 레드오션에서
브랜드를 키워야 하는 당신에게

폴인 JTBC에 남은 다른 과제는 어떤 게 있을까요?

김필규 여전히 한정된 리소스를 어떻게 100% 활용할지를 고민해야 하는 어려움과 피로감이 있어요. 아직도 신생 조직이고, 조직 구조 내에 중간층이 얇은 편이고요. 일을 하면서 후배들을 가르치기도 하고 조직 내에 경험이 계속 쌓여야 하는데, 사람이 부족하다 보니 그게 잘 안 되는 경우가 있어요.

지금은 신생 조직으로서 가진 리소스에 비해 밖에서 받는 관심이 늘어난 상황이라, 이 기대감에 부응하려면 국내 최고 수준으로 리소스가 추가 투입되어야 한다는 생각이 듭니다. 리소스는 신생 조직에 어울리는 규모인데, 기대감은 높아서 조직원들이 좀 허덕이고 있는 것 같아요.

이무원 신생 조직이기 때문에 어려움이 있지만 JTBC 뉴스룸 조직이 점점 더 나이를 먹으면서 지상파처럼 될까 봐 걱정이 되기도 합니다. 점점 리소스를 늘려가다가 장점을 잃어버리면 어쩌나 싶기도 하고요. 오래된 조직은 또 오래된 조직대로 잘 변하지 않는다는 문제가 있죠.

또 전략적인 측면에서 지상파가 점점 더 모방하는 과제를 해결해야 해요. 붉은 여왕 이론에 따르면 JTBC는 더욱 달려야 하는 거죠. JTBC가 잘하지 않았다면 경쟁자가 없었을 텐데, 잘 달리다 보니 경쟁자들이 추격하게 되고 오히려 더 힘들어지는 거죠.

이 경쟁에서 각 조직이 자신의 것을 잘 유지하는 게 중요하다고 생각해요.

김필규 저희 조직 내부에서도 앞으로 JTBC의 가치를 어떻게 지켜나가야 하는지에 대한 고민을 많이 합니다. 활발하게 논의하고 있기 때문에 해답을 찾을 수 있을 거라 생각해요.

이무원 그에 대한 논의를 하고 있다는 게 중요합니다. 예전 경영 이론들은 독과점 기업이 등장하면 다른 기업은 리소스의 부족으로 성장이 어렵다는 이야기를 많이 했습니다. 그런데 요즘에는 독과점이 발생하면 오히려 파고 들어갈 수 있는 '리소스 스페이스'가 많이 생긴다고 말합니다. 한 조직이 독창적인 자신만의 길을 걸음으로써 돌파구를 찾는다는 거죠. JTBC도 리소스가 제한되어 있기 때문에 오히려 새로운 길을 걸을 수 있었던 게 아닌가 합니다.

그렇지만 장기적으로 조직을 끌고 가려면 리소스가 필요할 것입니다. 그러려면 조직 운영 전반이 시스템으로 잘 구축되어야 하죠.

폴인 마지막으로 JTBC와 비슷한 경쟁 환경에 있는 기업들에는 어떤 조언을 해 주실 수 있나요?

이무원 처음부터 블루오션을 찾으려는 비효율적인 전략을 취하기보다, '붉은 여왕 전략'으로 시장에서 정면으로 승부해 보면 좋을 것 같아요. 붉은 여왕 전략을 취하다 보면 블루오션도 발견할 수 있다고 봅니다. 즉 기존의 경쟁 프레임에서 벗어나 새로운 경쟁의 장을 창출하는 것 자체가 블루오션 전략이 될 수 있는 것입니다.

국내 기업의 경우 아모레퍼시픽의 사례를 들 수 있어요. 2000년대 중반까지만 해도 '아모레는 내수용'이라는 인식이 강했어요. 로레알이나 SK-II같은 글로벌 브랜드와 경쟁이 될 수 없다는 평가가 지배적이었죠. 그런데 2000년대 중반 이후 아모레퍼시픽은 획기적인 신상품을 연달아 출시하면서 시장의 주목을 받게 됩니다.

가장 화제가 되었던 제품은 '에어쿠션'이에요. 자외선 차단제, 메이크업 베이스, 파운데이션을 한 번에 덧바르기 할 수 있는 제품이어서 여성들이 화장하는 단계를 획기적으로 줄였다는 평가를 받죠. 소비자는 이 제품을 통해 화장 시간을 단축할 수 있었어요. 1초에 하나가 팔리는 제품이라고 알려질 정도로 불티나게 팔리면서 세계적 열풍까지 불러일으켰습니다.

이는 아모레퍼시픽이 로레알 등 기존 시장의 세계적 강자들과의 경쟁을 피하려 한 게 아닙니다. 경쟁을 하되 자신만의 프레임을 발굴해 낸 것이죠. 즉 뷰티 루틴의 변경이라는 프레임을 시장에 도입하게 됩니다. 제가 작년에 아모레의 이런 전략을 소개하는 스탠퍼드 사례 연구를 썼는데, 미국 유수의 경영대학 MBA에서도 아모레의 사례에 많은 관심을 보이고 있습니다. 붉은 여왕 전략의 관점에서도 검토할 부분이 있습니다.

폴인 그렇군요. 장시간 동안 JTBC의 성장에 대한 객관적 분석과 풍부한 실제 사례로 좋은 자리를 마련해 주신 두 분께 감사드립니다.

부록

JTBC의 탄생

스탠퍼드 경영대학원 JTBC 케이스 스터디(발췌)

*본 케이스 스터디의 원문은
중앙북스 홈페이지(jbooks.joins.com)에서 다운로드할 수 있습니다.

JTBC는 단순히 언론 보도뿐만 아니라 엔터테인먼트 및 드라마 분야에서도 상당한 성공을 거두면서 대한민국의 5대 채널로 거듭났다. 대한민국의 방송 산업 분야는 수십 년 동안 독과점과 무거운 규제를 통해 만들어진 진입 장벽으로 굳게 닫혀 있었다.

종합 편성 네트워크 설립의 골자를 담은 법안이 예상치 못하게 통과되면서, JTBC는 2011년 12월 방송 산업 분야에 신규 진입한다. 이후 7년간 방송 산업 분야를 바꿔놓은 다양한 사건들이 발생했으며, 그중에는 역사적으로 오랫동안 대한민국의 방송 분야를 지배했던 3대 지상파 네트워크의 독과점 붕괴도 끼여 있었다. JTBC는 신뢰성 있는 보도를 통해 마치 혜성처럼 최고의 지위에 등극하면서 대중의 관심을 사로잡았고, 이런 상승세가 계속되기를 바라는 내부 및 외부 주주들의 기대를 받고 있다.

지상파 TV 네트워크 : KBS·MBC·SBS

대한민국의 지상파 TV 네트워크는 무선국을 통한 지상파를 사용해 뉴스, 엔터테인먼트, 드라마, 그리고 그 외 다양한 프로그램들을 대중에게 방송한다. 이들은 대중에게 공공재로 방송을 제공하므로 '공영 TV'라고도 칭할 수 있다.

이런 네트워크는 기획, 제작, 운영, 콘텐츠 송출 등을 제공하여 프로그램 공급자와 콘텐츠 제작자로서의 특징과 기능을 모두 갖고 있다. 네트워크들은 자신의 콘텐츠가 공익에 부합하며 대한민국 정부의 허가를 받았다는 조건 하에 프로그램을 방송할 수 있다.

대한민국의 3대 지상파 방송국은 지난 수십 년간 이 산업을 지배해 왔지만, 최근 케이블 방송국과 종합 편성 네트워크가 탄생하면서 이런 독과점에 상당한 위협을 받고 있다. 3

대 대한민국 방송국으로는 KBS(한국방송공사), MBC(문화방송), 그리고 SBS(서울방송)가 있다. KBS와 MBC는 모두 공영방송이었지만 SBS는 민영방송이었다. 지상파 방송국은 공익에 부합하는 콘텐츠를 방송해야 했기 때문에 위 방송국들에서 만들어지는 대부분의 방송들은 공영방송이었다.

프로그램 제공자(PP)와 tvN

대한민국의 프로그램 공급사들은 주로 시스템 오퍼레이터나 위성 방송사에게 제공할 콘텐츠를 제작 및 편성한다. 대한민국의 지상파 네트워크와 종합 편성 네트워크의 공통적인 특징은 바로 자신들이 방송할 프로그램과 소재를 직접 기획, 제작, 그리고 유통한다는 것이다.

tvN은 대기업 CJ E&M의 대표적인 프로그램 공급사 중 하나로, 2006년 10월에 개국한 버라이어티 TV 채널이다. 이 채널의 주요 강점은 자체 제작한 엔터테인먼트 및 드라마 프로그램이었다. tvN은 개국 초창기부터 어려움을 겪으면서 보통 3류 방송 네트워크로 취급 받았지만, 지상파 네트워크로부터 인재들을 영입하기 시작한 이후 2012년에는 실적 면에서 꾸준한 성장세를 보였다. tvN이 엔터테인먼트 분야에서 성공적인 프로그램을 다수 제작하기는 했지만, 이 방송사의 진정한 강점은 대부분 드라마 콘텐츠에서 진가를 발휘한다. 2015년 이후 tvN은 드라마 제작 분야만큼은 지상파 네트워크와도 충분히 비교할 만한 입지에 올랐다. 이런 성공과 양질의 엔터테인먼트 콘텐츠 덕분에, tvN은 지상파 3사 및 JTBC와 어깨를 나란히 하며 대한민국 방송 산업에서 손꼽히는 '방송 5사'의 일원이 된다.

종합 편성 네트워크: JTBC·채널A·TV조선·MBN

종합 편성 네트워크는 구체적으로 프로그램 공급자의 형태를 띤다. 2009년의 미디어법 개정은 종합 편성 네트워크 설립의 기반을 마련했으며, 첫 번째 종합 편성 네트워크는 2011년 탄생한다. 종합 편성 네트워크는 최근 10년 내 대한민국에 소개된, 비교적 새로운 형태의 네트워크였다. 종합 편성 네트워크는 다양한 장르의 프로그램을 포함한다는 점에서 지상파 네트워크와 공통점을 갖지만, 지상파 대신 케이블과 위성을 통해 프로그램을 송출한다는 점에서는 다르다. 이 네트워크는 법적으로 방송사의 범주로 분류되므로, 관리 및 수익 구조는 지상파 네트워크와 아주 흡사하다. 대한민국의

4대 종합 편성 네트워크 채널로는 JTBC, 채널A, TV조선, 그리고 MBN이 있다.

2009년 미디어법 개정이 방송 저널리즘과 IPTV(인터넷 프로토콜 텔레비전) 산업에 다시 활력을 불어넣기 전까지는 종합 프로그램 네트워크로 대한민국 방송 산업에 진입한다는 것 자체가 불가능했다.

2009년의 법 개정에서 가장 큰 영향력을 발휘한 법안은 대기업과 신문사들도 방송 네트워크의 지분을 차지할 수 있도록 하여 1980년 이후 처음으로 겸영이 가능하도록 허가한 부분이었다. 이 같은 개정이 이루어지자마자 거의 동시에 종합 편성 네트워크 기획이 시작된다. 2010년 12월 31일, 4대 종합 편성 네트워크가 형성되어 뉴스, 엔터테인먼트, 그리고 드라마 장르 등 다양한 프로그램을 개시한다. 이 네트워크들은 지상파 네트워크와 마찬가지로 광고를 통해 대부분의 수익을 얻었다. 종합 편성 네트워크의 태동과 함께 3대 지상파 네트워크(KBS, MBC, SBS)가 오랫동안 지배했던 시장 구조에도 변화가 시작된다.

종합 편성 네트워크 4사는 모두 신문사가 개국했다는 점이 굉장히 특이하다. JTBC는 중앙일보가, TV조선은 조선일보가, 채널A는 동아일보가, 그리고 MBN은 매일경제신문이 개국한다. 종합 네트워크 운영은 2011년 12월 1일에 시작됐다.

대한민국 방송 산업 분야의 변화

종합 네트워크가 출현하기 전, 통칭 '방송 3사'로 알려진 3대 방송사들은 방송 산업 분야를 지배하고 있었다. 방송 광고 시장의 광고 수익 추세를 살펴보면, 지상파 TV 시장 매출은 종합 네트워크 출현 전에도 증가하는 추세에 있었으며 광고 시장의 60%를 차지하고 있었다. 하지만 종합 네트워크가 등장하고 케이블 TV의 성장을 비롯한 여타 사업들이 성장하면서 지상파는 하향세로 돌아선다.

광고 매출로 보면 지상파 방송 3사의 시장 점유율은 2013년 65.4%에서 2014년 63.9%, 2015년 61.3%, 그리고 2016년에는 56.8%가 된다. 특히 2016년의 광고 수익은 허핀달-허쉬만 지수 1327점을 기록하면서 시장 점유율이 더 이상 집중되어 있지 않다는 것을 보여주며, 방송 산업 시장이 지상파 네트워크의 독과점 시장으로부터 다양한 유형의 네트워크라는 특징을 가진 역동적이고 경쟁적인 시장으로 변화한다는 것을 보여준다. 2016년의 시청 시간을 보면 지상파 네트워크가 41.6%, 그리고 타 채널이 58.4%를 차지하면서 시청자 콘텐츠 수요의 변화를 보여준다. 이렇게 방송 3사는 KBS, MBC, SBS, tvN 그리고 JTBC라는 '방송 5사'로 늘어나게 된다.

지상파 네트워크의 독과점 체제 붕괴에는 다양한 원인들이 있으며, 그중 하나는 대규모 방송 환경에서 이루어진 변화다. 모바일 산업, IPTV, 위성방송, 그리고 오버 더 톱(OTT 혹은 OVD) 미디어 서비스의 발전은 방송 및 콘텐츠 산업 분야에 전반적인 다변화를 가져오면서 기존 TV 방송사들의 기반을 흔든다. 그 결과 경쟁 환경에도 변화가 생긴다.

방송 산업 분야에서 이런 변화가 생긴 또 다른 이유로는 종합 편성 네트워크의 시장 진입을 들 수 있다. 종합 편성 네트워크는 예전까지 모바일 엔터테인먼트와 다른 형태의 미디어의 성장에도 불구하고 지상파 네트워크의 독과점으로 인해 확연히 무력한 모습을 보여주었다. 하지만 2009년 미디어법 개정의 예상치 못한 통과로 인해 대한민국 방송 산업 분야는 4개의 종합 네트워크가 갑자기 시장에 진입하는 쇼크를 겪게 된다.

JTBC의 시작

JTBC는 2011년 3월 법인으로 개국되어 종합 편성 네트워크로 자리매김한 후, 2011년 12월 1일부터 공식적인 운영을 시작했다. JTBC는 언론 보도와 드라마 콘텐츠 및 기타 엔터테인먼트 프로그램을 다양하게 제공한다.

JTBC는 중앙그룹 소속으로 대한민국 3대 신문사 중 하나인 중앙일보의 자회사다. 또한 중앙그룹은 멀티플렉스 영화관 프랜차이즈인 메가박스와 휘닉스 호텔앤드리조트 역시 소유하고 있다. JTBC의 소유권 구조는 타 종합 네트워크와는 다르다. JTBC는 중앙그룹의 일부이기는 하지만, TV조선이나 채널A 등의 타 종합 네트워크가 모회사(조선일보, 동아일보)로부터 자금 투자를 받는 것과 달리 어느 정도의 독립성을 갖고 운영되고 있다.

중앙그룹은 대한민국의 유일한 종합 콘텐츠 그룹이었으며, 종합 편성 네트워크 4사 중에서는 유일하게 종합 편성 채널을 운영했다. 매일경제신문 역시 채널을 하나 운영하고 있기는 하지만, 그 채널은 주로 경제 및 뉴스 보도에 집중하고 있어 다른 유형의 콘텐츠는 방송하지 않는다. 반면 중앙그룹은 1980년 언론 통폐합 당시 해산되었던 동양방송(TBC)의 운영 경험이 있었다. 그런 의견을 증명이라도 하듯, 중앙그룹은 2009년 미디어법 개정 이후 가장 먼저 종합 편성 사업에 뛰어든다.

JTBC는 방송 산업의 다른 신규 진입자들과 마찬가지로 운영 초기 당시 방송 업계가 지상파 네트워크의 독과점을 더 선호한다는 사실과, 그 결과 각종 진입 장벽과 엄격한 규제 등으로 형성된 엄청난 장애물을 극복해야 했다. 그 당시 대중은 종합 네트워크뿐만 아니라 종합 네트워크에 출연하는 연예인, 배우, 가수들에게까지도 긍정적인 여론을 갖고 있지 않았기 때문에 다양한 유형의 콘텐츠를 제작하는 데 어려움이 따랐다.

하지만 진입 3년 차부터 JTBC의 성과가 오르기 시작했으며, 그런 변화는 특히 엔터테인먼트 분야에서 두드러졌다. 〈마녀사냥〉과 〈썰전〉 등 독특한 유형의 프로그램들을 잇달아 성공시키면서, JTBC는 대중의 눈에 비치는 자사의 이미지를 개선할 수 있었다. 또한 보도 분야에서도 보도국에 손석희 사장이 취임하고 주요 뉴스 프로그램이 〈JTBC 뉴스룸〉으로 이름을 바꾸면서 성과가 오르기 시작했다. 그 결과 평가가 상당히 개선되고 대중은 JTBC의 보도를 '공정한 뉴스'

라고 평가하면서 브랜드 이미지와 인지도에서 엄청난 두각을 드러내게 된다.

위와 같은 찬사를 받고 방송 시장의 보도와 엔터테인먼트 분야에서 성공을 거두면서 JTBC는 드라마 제작에도 상당한 투자를 지속하여 대한민국 방송 5사 중 하나로 점점 자리매김한다. JTBC와 tvN은 대한민국의 기존 '방송 3사' 구도를 깨는 데 매우 중요한 역할을 한다. 2016년 JTBC는 tvN을 뛰어넘고 지상파 3사 네트워크와 보다 공식적인 경쟁을 시작한다. JTBC는 지난 수십 년 동안 대한민국 방송 산업을 지배했던 기존 독과점 체제의 붕괴를 이끄는 선두주자였다.

2016년 4월 JTBC는 '2015 시청자가 뽑은 최고의 방송사'로 선정되었으며 2016년과 2017년에는 '대한민국 미디어 어워드'를 수상하여 대한민국 최고의 방송 네트워크임을 증명했다. 2017년에는 개국 이래 첫 순수익 흑자를 기록하였다. JTBC는 2018년에도 계속해서 엔터테인먼트, 보도, 드라마 제작 분야에서 성공 가도를 달렸으며 신뢰성과 시청률 기준으로 대한민국 최고의 방송 네트워크가 된다.

대담한 투자

　　JTBC는 개국 이후 대담한 투자를 통해 스스로를 종합편성 네트워크 분야의 다른 신규 진입자들과 차별화했다. 타 네트워크들이 제한된 투자로 적은 리스크만을 감수하려고 했던 반면, JTBC는 적극적인 투자로 탄탄한 기반을 닦고자 했다. JTBC는 탄탄한 운영 기반을 마련하기 위해 운영 첫해 동안 방송 시스템에만 4000만 달러, 그리고 시설에 2700만 달러를 투자했다. 또한 지상파 네트워크에서 프로덕션 분야의 인재들을 영입하는 데 1600만 달러를 썼다. 이처럼 대한민국 방송 분야 사상 유례없는 규모의 투자는 업계에서 상당한 관심을 끌게 된다.

　　JTBC는 지상파 네트워크로부터 과감하게 인재들을 영입하였으며, 특히 유능한 프로듀서의 영입을 중시했다. 하지만 당시까지만 하더라도 종합 네트워크는 탄탄한 정체성을 구축하지 못해 대중적 이미지가 낮았던 터라 이런 영입은 절대 쉬운 일이 아니었다. JTBC의 경우 사내 최고의 관리팀이 나서서 최고의 인재들을 영입하는 데 상당한 노력을 쏟았다. JTBC가 유능한 프로듀서의 영입에 상당한 금액을 투자한 것은 단순히 선구적인 콘텐츠를 제작하겠다는 열망에만 관련된 게 아니라 자사가 엔터테인먼트에 초점을 맞추겠다는 점을 보여주기 위해서였다. JTBC가 타 방송사들에 비해 더 우수한 조직적 역량을 갖추고 성과의 격차를 벌리는 데서 근본적인 이점을 갖는 주요한 원인 중 하나다.

정면 승부, 차별화된 전략

방송은 고도로 자본화된 사업이기 때문에 종합 네트워크는 모두 초기에 비슷한 난관을 겪었다. 종합 네트워크는 지상파 방송사처럼 다양한 장르의 프로그램을 편성할 수는 있었지만, 콘텐츠를 제작하고 방송할 수 있는 자원을 충분히 축적하지 못한 상황에서도 프로그램 유통은 똑같이 해낼 수 있어야 했다.

결국 신흥 방송사 대부분은 뉴스 보도와 시사 프로그램에 집중할 수밖에 없었다. 4개 방송사 모두 자사의 모회사인 신문사(JTBC : 중앙일보, TV조선 : 조선일보, 채널A : 동아일보, MBN : 매일경제신문)에 상당한 자본을 의지하고 있었다. 하지만 JTBC의 전략은 약간 달랐다. JTBC는 처음부터 보도, 엔터테인먼트, 그리고 드라마 등의 모든 장르를 철저하게 준비해 다른 종편 채널과 차별적으로 모든 장르를 완비한 전방위적 편성을 했다. JTBC 개국 한 달 전에 진행되었던 JTBC의 브리핑 세션에 참가한 방송 관계자들은 새로 출범하는 네트워크의 주 단위로 짜인 드라마 및 엔터테인먼트 프로그램 제작 편집 스케줄을 보고 충격을 받았다. TV조선, tvN, 그리고 MBN의 콘텐츠 브리핑 세션에서 진행된 공개 프레젠테이션이 "알맹이가 없다"는 비판을 받았던 것과는 정반대였다.

종합 네트워크는 오랫동안 애매한 위치에 끼여 있었다. 종합 네트워크가 비판을 받는 주된 이유 중 하나는 이 네트워크들이 명백하게 편파적으로 운영된다는 점이었다. 업계 외부의 정보에 따르면 이 채널들의 뉴스 보도 중 대다수가 자신들의 모회사인 신문사의 보도 자료를 바탕으로 한다는 점이 계속 지적된다. 프로그램 시간의 20~30%만을 뉴스 보도와 시사에 편성하는 지상파 방송사와 달리 종합 네트워크 채널의 뉴스 보도 비중은 개국 이후 2년 동안 계속해서 40% 가량을 유지했다.

2013년 방송통신위원회가 발표한 성과 테스트(2013 Performance Test of the Korea Communications Commission)에 따르면 뉴스 보도 프로그램이 TV조선에서 차지하는 비율은 48.2%, 채널A에서는 43.2%, MBN에서는 39.9%, 그리고

JTBC에서는 14.2%였다. 다른 종합 네트워크에서는 뉴스와 보도 비율을 낮추려고 노력하는 반면, JTBC는 뉴스 및 보도 비율이 지상파 네트워크와 비슷한 유일한 채널이었다. 2011년부터 2018년까지 JTBC의 뉴스 방송 비율은 14.22%에서 23.67% 사이를 꾸준히 유지했다. 타 종합 네트워크들이 자신의 모회사인 신문사의 자료를 기반으로 보도하는 뉴스에 크게 의지하는 동안, JTBC만이 지상파 방송사들과 동일한 전략을 채택했다.

2014년부터 2017년까지 영화, 애니메이션, 그리고 음악 프로그램을 제공한 종합 네트워크는 오직 JTBC뿐이었으며, 이 점은 JTBC가 타 종합 네트워크에 비해 강세를 보여주며 지상파 네트워크와도 경쟁할 만한 프로그램을 갖추는 데 도움이 되었다. JTBC는 공익을 위한 콘텐츠를 충분히 편성하겠다는 대중과의 약속을 유일하게 지킨 네트워크였으며 그런 과정에서 이 방송사의 독특한 정체성이 확립된다.

도전을 용인하는 조직 문화 - 엔터테인먼트와 드라마

JTBC의 제작부서는 지상파 방송 3사(KBS, MBC, SBS)와 케이블 네트워크로부터 영입한 인물들로 구성되어 있다. 대한민국 방송 노동 시장의 특징 중 하나는 지상파 방송사가 지극히 순응적으로 남아 있는 반면 JTBC는 다양한 노동력들의 관심을 끌었다는 점이다. 이런 다양성은 JTBC의 초기에 걸림돌로 작용하기도 했다. JTBC가 개국을 준비하던 동안에도 서로 다른 조직 출신의 인원들이 서로 다른 문화와 기술 용어를 사용하는 바람에 혼란이 계속되었다. 하지만 이런 다양성은 서로 다양한 배경을 가진 사람들이 한데 모여 다양한 시스템을 편성하면서 오히려 장점으로 승화했다.

JTBC가 운영 초기에 가장 신경 썼던 분야는 바로 엔터테인먼트였다. 지상파 방송사에서 프로듀서 16명을 영입하는 강수를 두고 2년 동안 꾸준히 투자했지만 그런 노력이 당장 괄목할 만한 결과를 내지는 못했다. JTBC의 프로듀서 중한 명은 첫 2년 동안 실패한 프로그램의 수가 "평생 동안 허용될 수보다 많았다"고 술회한다. 그렇게 2년이 지난 2013년, JTBC는 〈썰전〉이 성공을 거두면서 계속 성공적인 프로그램을 내놓기 시작한다. JTBC의 엔터테인먼트가 거둔 성공에서 두드러지는 특징은 시청자 평가나 프로그램의 인기만이 아니라 대한민국 방송 산업에서 지금껏 본 적 없는 혁신적인 프로그램 포맷도 한몫했다는 점이다.

JTBC의 김시규 제작 감독은 JTBC의 조직 문화가 보여주는 또 하나의 중요한 특징을 다음과 같이 말한다. "간단하다. 우리는 재능 있는 프로듀서에게 계속 투자하면서 기다린다." 참을성 있게 기다리는 문화는 JTBC 제작팀의 핵심에 자리 잡고 있다.

　　엔터테인먼트 부서의 조승욱 프로듀서는 KBS에서 영입된 제작 스태프로, 위와 같은 방식을 직접 경험해 본 당사자이기도 하다. 조 프로듀서가 JTBC에서 처음 제작했던 프로그램은 〈Made in U〉로 차세대 한류 아이돌, 즉 대한민국에서 제작한 드라마와 음악이 아시아를 비롯한 세계 곳곳으로 퍼지는 '한류'를 이끌 아티스트, 배우, 그리고 그 외 연예인을 찾는다는 오디션 프로그램이었다. 이 프로그램의 제작에는 상당한 자본이 투입되었지만 결국 결과물을 만들어내는 데는 실패한다. 하지만 JTBC는 조 프로듀서를 믿고 또 다른 기회를 주었다. 조 프로듀서가 다음으로 맡은 프로그램인 〈히든 싱어〉는 JTBC에서 가장 인기 있는 프로그램이 되었다. 또한 이 음악 엔터테인먼트 포맷은 대한민국뿐만이 아니라 다른 나라들의 관심도 많이 끌었다. 히든 싱어의 리메이크 버전이 태국에서 방영되었으며, 또 NBC 유니버설과의 포맷 저작

권 계약은 JTBC에 거액의 수익을 안겨주었다. 조 프로듀서는 뒤이어 〈팬텀 싱어〉를 제작하면서 연이어 성공작을 내놓는다.

조승욱 프로듀서가 〈Made in U〉 실패 이후 〈히든 싱어〉를 만들기까지는 채 1년이 걸리지 않았다. JTBC가 조 프로듀서를 믿지 않고 재기할 기회를 주지 않았더라면 JTBC의 대표적인 엔터테인먼트 프로그램은 탄생하지 못했을 것이다.

2018년 신규 진입 4사 중에서 유일하게 드라마를 제작한 방송사도 JTBC였다. JTBC는 운영 초기 종합 네트워크에 대한 좋지 않은 이미지로 인해 배우들이 출연을 꺼리던 당시, 드라마 부문에서 계속 실패를 맛보았다. 또한 드라마 콘텐츠 유통 인프라가 제대로 구축되지 않았기에 수익을 내기도 힘들었다. 이처럼 잠재적 손실이 컸기 때문에 다른 종합 네트워크들은 드라마 제작을 포기하였으나 JTBC는 이런 실패에도 불구하고 드라마 분야에 대한 투자를 포기하지 않았다. 그렇게 역량이 쌓인 결과 JTBC 드라마는 지상파 TV 채널에 비견될 만한 캐스팅 파워를 갖게 된다.

미디어 산업 변화에 대한 대비

다양한 형태의 미디어가 계속 개발되면서 방송 산업은 빠르게 변화하고 있다. 기존 방송 산업 분야는 광고 매출을 통해 수익의 대부분을 얻어내므로 주로 광고 판매에 주력하고 있다. 하지만 앞으로는 TV 광고의 매출 비중은 더 적어지면서 콘텐츠 유통을 통해 더 많은 매출을 낼 것으로 예상된다.

다양한 플랫폼을 이용할 수 있게 되고 세계적인 OTT 공급자들이 나타나고 대한민국 콘텐츠의 가치가 증가하면서, 한국 방송 산업의 유통 시장도 덩달아 확장되었다. 넷플릭스 등으로 대표되는 OTT 공급자들은 세계적 콘텐츠 산업의 주요 구성원이 되었다. 이런 추세의 결과 JTBC 역시 2017년 넷플릭스와 엔터테인먼트 및 드라마 위주 콘텐츠의 세계적인 방송 계약을 맺었다.

JTBC는 이와 같은 방송 산업의 변화에 발맞춰 세계적인 제작사로 거듭나기 위한 준비를 하고 있다. 목표는 다양한 플랫폼과 채널을 통해 수출할 수 있는 훌륭한 콘텐츠를 제작하는 기업으로 거듭나는 것이다. 인기 있는 사업 모델인 콘텐츠 IP(Intellectual Property, 지적재산권)도 JTBC에 도움이 될 수 있을 것이다. 콘텐츠 IP란 콘텐츠를 기반으로 다양한 장르 확장 및 추가적인 비즈니스 개발이 가능한 일련의 지적 재산 포트폴리오를 아우르는 개념이다. 그 콘텐츠 IP를 기반으로 다각화된 수입원을 통해 매출을 증가시킬 수도 있다.

JTBC는 현재의 핵심 방송 채널 사업 모델과 콘텐츠 IP 모델을 결합하여 수익을 극대화할 계획을 하고 있다. 제작사로서의 JTBC는 어떤 모습을 하고 있을까? 원래 다른 방송 채널을 위한 사업 모델이었던 JTBC가 어떻게 콘텐츠 IP 모델을 구축하면서 여전히 수상 경력에 빛나는 프로그램들을 제공할 수 있을까? JTBC는 방송 산업에서 벌어지고 있는 변화에 발맞추기 위해, 더 나은 JTBC가 되기 위해 수많은 요소들을 고려해야 할 것이다.

붉은 여왕 전략

무엇이 JTBC 뉴스룸을 특별하게 만드는가

초판 1쇄 2019년 7월 13일

지은이 이무원, 김필규
엮은이 폴인

발행인 이상언
제작총괄 이정아
편집장 조한별
편집 최민경, 심보경
표지·본문디자인 김기연
표·조판 변바희, 김미연
마케팅 김주희, 이선행
진행 양혜은

발행처 중앙일보플러스(주)
주소 (04517) 서울시 중구 통일로 86 4층
등록 2008년 1월 25일 제2014-000178호
판매 1588-0950
제작 (02) 6416-3950
홈페이지 jbooks.joins.com
네이버 포스트 post.naver.com/joongangbooks

ⓒ폴인, 2019
ISBN 978-89-278-1024-7 03320

'폴인이 만든 책'은 중앙일보플러스(주)가 온라인 플랫폼 폴인과 함께 만든 경제경영서 브랜드입니다.